Helpal Books
へるぱるブックス

実務から他職種連携まで

現場の悩み・疑問に答えます

訪問介護の困りごとQ&A

全国ホームヘルパー協議会 会長
田尻 亨 監修・著

世界文化社

はじめに

私にとって、訪問介護の現場は最初からとても魅力的でした。働く現場がご利用者様宅で、雨の日も雪の日も猛暑の日も、自分が訪問しなければご利用者様の生活自体がままならない、その使命感が心地よかったです。おそらく皆さんもそうではないでしょうか。ご利用者様の笑顔や「ありがとう、また来てね」といった言葉が何よりの励みになっていることと思います（もちろん、よいことばかりではないですけどね）。

日々の訪問の中で"何か変だな？"と気づく視点と、「人生の最期を自宅で迎えたい」と願うご利用者様やご家族様の想いを叶える介護技術を併せ持つ訪問介護職は、在宅ケアの最前線と最後の砦を担っている、といえます。とても誇らしいことで、カッコイイですよね。そのような素晴らしい訪問介護において、皆さんの課題とはなんでしょうか？

人材不足、従事者の高齢化、デジタル化の遅れ、増え続ける負担感……などが挙げられるのではないでしょうか。

特に、訪問介護事業の要であるサービス提供責任者が思い悩む場面が多いと推測します。訪問介護計画書の作成をはじめ、やらなければならないことが次から次へと押し寄せてきます。考える暇もない……というのが本音かもしれません。しかし、やらなければならない。

そこで、本書では現場でよく聞かれる悩み・疑問を大きく7つのテーマ別に取り上げ、解説しています。サービス提供責任者だけでなく、訪問介護に関わるすべての方々にお役立ていただけることを願い、できるだけ現場目線でわかりやすくしたつもりです。もちろん、「本書の回答例がすべてではない」ですが、ヒントにつながれば幸甚です。

全国で多くの皆さんとお話しさせていただきますが、想いや情熱は共通、悩みも同じようなことが多い印象です。ぜひ一人で悩まずに本書を手に取っていただきたいと思います。

2025年3月1日
監修・著
全国ホームヘルパー協議会 会長
田尻 亨（たじり とおる）

訪問介護職として目指してほしいこと

Q&Aに入る前に、訪問介護に携わるうえで、
皆さんに目指してほしい私の想いをお伝えしたいと思います。

●チームケアで利用者を支える

　1対1でサービスを提供するのは、とても難しいことだと常々思います。利用者の人生に寄り添う想い、利用者や家族の意向、ケアプランとの整合性……。それらを踏まえたうえで、「訪問」という"点"だけで利用者を支えるには限界があります。他の専門職や地域の社会資源と連携して、「チーム」という広い"面"で支える視点が必要です。
　チームケアの実践、他職種連携による利用者の自立支援と重度化防止、社会からもそのようなことが訪問介護に求められているのではないでしょうか。

●デジタル化の推進と誰もが働きやすい職場づくり

　チームケアの実践にはサービス提供の見える化・見せる化が必須です。デジタル化がひとつの鍵になると思います。データを蓄積させて根拠づくりに役立てることも考えられます。いわゆる科学的介護の推進です。もちろん、「介護」はデータでは測れない部分も多いとは思いますが、利用者に一番身近な訪問介護職が自分たちの専門性（根拠）を示すことは、利用者の自立支援と重度化防止に大きく貢献します。
　日本は少子化により、介護業界のみならずすべての産業で担い手不足となっています。訪問介護においても、外国籍の人材の活用が検討されています。言葉や文化の壁に対して、デジタルが解決の糸口になるかもしれません。今後は外国籍の方も含めて、誰もが働きやすい職場環境をつくることが求められます。

●自分たちの仕事に誇りを持ち、魅力を発信！

　そして、これが最も伝えたいことですが、自らの仕事に誇りを持ってほしいと思います。サービス提供責任者だけでなく、ホームヘルパーの皆さん1人ひとりにも、積極的に訪問介護で働く意義や魅力を発信してほしいです。
　これまで幾多の苦境にあっても、常に前を向いて支援にあたってきた皆さんに心から敬意を表します。そのうえで、さらに頑張って！とは言いにくいのですが、「訪問介護は在宅ケアの最前線と最後の砦を担う」との気概と誇りを持って、ともに頑張っていきましょう。

目次

はじめに …………………………………………………………………………………… 2

訪問介護職として目指してほしいこと ………………………………………………… 3

第1章　利用者・家族に訪問介護を理解してもらう　9

Q1　ホームヘルパーを家政婦（夫）と勘違いしている利用者や家族が多いです。どう説明すればよいのでしょうか？ …………………… 10

Q2　訪問介護で「できないこと」をわかってもらえず困っています。……… 12

Q3　「自立支援」を理解してもらうには、どうすればよいのでしょうか？ … 26

Q4　ペットを室内で放し飼いにしているお宅があります。サービスに影響が及ぶため、どう対応すればよいのでしょうか？ ……… 28

Q5　利用者宅によっては、「喫煙」「エアコンなし」など、働く環境が過酷で困っています。………………………………………… 30

Q6　特定のホームヘルパーを希望する利用者に「ホームヘルパーの指名はできない」ことをどう説明すればよいのでしょうか？ ………… 32

Q7　時間や手間がかかる「独自ルール」がある利用者の支援は、どうしたらよいのでしょうか？ ……………………………………… 33

Q8　サービス内容に対し、家族の要求が高すぎる場合、どう対応すればよいのでしょうか？ ……………………………………… 34

Q9　家族から頻繁に電話がかかってきます。どうしたら減らしてもらえるのでしょうか？ ………………………………… 35

Q10　訪問すると、毎回お茶とお菓子を用意してくださる利用者がいて困っています。上手な断り方を教えてください。………………… 36

第2章　契約からサービス開始に向けて　41

Q11　契約に伺った際、確認すべきことが多すぎて時間が足りません。何か方法はありますか？ ………………………………………… 42

Q12　契約に伺ったところ、事前情報と実際の状況が大きく異なりました。受け入れが難しい場合、どうすればよいのでしょうか？ ………… 44

- Q13　アセスメントが重要なのは理解していますが、関係性が浅い段階だと、どこまで踏み込んでよいのかが難しく、聞き方に悩みます。……………… 45
- Q14　アセスメントが苦手です。うまくなるコツはありますか？……………… 47
- Q15　質問しても、ほとんど答えてくれない利用者にはどう接すればよいのでしょうか？……………… 52
- Q16　契約やアセスメントの際、家族が不仲だったり、「この状況なら家族が支援できるのでは？」と思ったりすることがあります。どこまで踏み込んでよいのでしょうか？……………… 53
- Q17　アセスメントの際、経済的な事情にはどう触れればよいのでしょうか？…… 54
- Q18　利用者や家族のニーズは、どう引き出せばよいのでしょうか？……………… 55
- Q19　利用者や家族がサービスを望んでいない場合、どう対応すればよいのでしょうか？……………… 55
- Q20　見守りカメラの設置が増えていますが、利用者や家族とどのようなルール決めをすべきでしょうか？……………… 56
- Q21　利用者に合ったホームヘルパーをどう選べばよいのでしょうか？……………… 58
- Q22　初回のサービス担当者会議で「訪問介護職に求められていること」や「何を確認すればよいのか」を教えてください。……………… 59
- Q23　ケアプランが利用者に適していない場合、どうすればよいのでしょうか？…… 62
- Q24　わかりやすい訪問介護計画書を作成するには、どうすればよいのでしょうか？……………… 63
- Q25　訪問介護計画書の目標と達成期間の設定をどうすればよいか毎回悩みます。ポイントはありますか？……………… 70

第3章　ホームヘルパーの育成、指導、研修　　71

- Q26　年上のホームヘルパーに注意等が必要な場合、伝え方が難しいです。……… 72
- Q27　高齢のホームヘルパーに、士気を高めて働いてもらうには何をすればよいのでしょうか？……………… 72
- Q28　新卒社員などの新人への教育は何に気をつければよいのでしょうか？……… 73

Q29 事業所(訪問介護)のルールを守らない
ホームヘルパーへの対応に困っています。……………………………… 74

Q30 毎日忙しく、研修以外に教える時間が取れません。
何かよい方法はありませんか？……………………………………… 75

Q31 相談や質問されたときのよりよい対応、伝え方を知りたいです。……… 75

Q32 トラブルを起こした人に指導する際、
どのような点に注意すればよいのでしょうか？……………………… 76

Q33 よりよい同行訪問にするには、どうすればよいのでしょうか？………… 77

Q34 事業所内研修に悩みが尽きません。マンネリにならず、
参加率が上がる方法はありますか？ 資料作成も大変です。………… 78

Q35 「職員に対する心身の健康管理」も重要視されています。
メンタルケアとして、どういった取り組みをおこなえばよいのでしょうか？… 81

第4章　サービス提供責任者の職域　　89

Q36 相談されることが多く、自分の事務仕事の時間が
なかなか取れず困っています。………………………………………… 90

Q37 サービス提供責任者になってから、管理部門の仕事と
サービスに入る時間とのバランスのとり方が難しいです。
どうすればうまくやり繰りできますか？………………………………… 91

Q38 外部研修への参加など、リスキリングに力を入れたいのですが、
上司や会社の理解が乏しいです。ホームヘルパーにも
すすめていますが、反応が悪くて悩んでいます。……………………… 92

Q39 ホームヘルパーの急病で代行訪問したところ、利用者から
「あなたに代わってほしい」と言われ、代行訪問の難しさを感じました。
今後の注意点やポイントを教えてください。…………………………… 93

Q40 定期的にモニタリングをしていると正直それほど変化がなく、
どう書けばよいのか困ることが多いです。……………………………… 94

Q41 ケアマネジャーの要望とホームヘルパーからの訴えの板ばさみに
なることがあります。どう対応すればよいのでしょうか？……………… 97

コラム① 事務員のすすめ ……………………………………………………… 98

訪問介護の困りごとQ&A　6

第5章　緊急時やクレーム、ハラスメントへの対応　99

- **Q42** 独居の利用者宅を訪問しましたが、応答がありません。
このような場合、どう対応するのが適切ですか？ ……………………………… 100

- **Q43** ホームヘルパーから緊急連絡があったのですが、
誰も手が空いておらずすぐに駆けつけられない場合、
どうすればよいのでしょうか？ ………………………………………………… 102

- **Q44** 利用者（家族）から苦情を受けました。
初期対応で注意すべきことは何でしょうか？ …………………………………… 103

- **Q45** 利用者（家族）からの電話が、苦情なのか、
提案なのか判断しづらく悩むことがあります。 ………………………………… 104

- **Q46** 苦情を受けたホームヘルパーがいます。
適切なアフターケアを教えてください。 ………………………………………… 106

- **Q47** 誰も傷つけずに苦情を共有するにはどうしたらよいのでしょうか？
具体的に話すと当事者を傷つけそうですが、
再発防止のためには必要で悩んでいます。 ……………………………………… 107

- **Q48** カスタマーハラスメントを受けても、
自分から言い出しにくいホームヘルパーもいるようです。
事業所として、どんな取り組みができるか教えてください。 ………………… 108

第6章　他職種連携　113

- **Q49** あらゆる場面において「他職種連携が重要」と言われますが、
具体的にどういうことを指し、何をすればよいのでしょうか？ ……………… 114

- **Q50** 都合がつかず、サービス担当者会議を欠席する場合、
どんなアクションを取ればよいのでしょうか？ ………………………………… 116

- **Q51** ケアマネジャーとの理想的な関わり方について教えてください。
何を求められているのかも知りたいです。 ……………………………………… 118

- **Q52** 民生委員など、地域との連携も必要だと感じますが、
どう動けばよいのかわからず、つながりを持つことができずにいます。 …… 123

- **Q53** ホームヘルパーに多職種連携を意識してもらうには、
どういった取り組みをすればよいのでしょうか？ ……………………………… 126

Q54 地域の他の訪問介護事業所との連携も重要ですが、
　　きっかけが難しいです。……………………………………………………… 128

コラム② 　行政の担当者とも"顔の見える関係づくり"を ……………………… 130

第7章　人材確保　　　　　　　　　　　　　　　　　　　　　　　　131

Q55 求人をしても応募がありません。募集方法や求人の際に
　　記載すべきことなど、応募が増える方法が知りたいです。………………… 132

Q56 求人にコストがかかりすぎて困っています。
　　あまりお金をかけずに済む求人方法はありますか？ ………………………… 134

Q57 人手不足のため、「少し向いていないかも」と思っても、
　　採用したい気持ちが強いです。「これさえ大丈夫ならば」という
　　見極めポイントはありますか？ ………………………………………………… 135

Q58 「見落としがちだけど、ここを面接時に確認すべき」
　　ということを教えてください。…………………………………………………… 136

Q59 定着率を上げるために、
　　どのような取り組みをすればよいのでしょうか？ …………………………… 136

Q60 訪問介護の魅力度向上の取り組みが重要視されています。
　　実際にどのようなことがおこなわれているのでしょうか？ ………………… 141

巻末資料　説明時のポイント ……………………………………………………… 143

おわりに …………………………………………………………………………… 158

出典一覧 …………………………………………………………………………… 159

注：本書では以下の用語を、右の用語・意味で記載しています。
訪問介護員 ………… **ホームヘルパー**
介護支援専門員 …… **ケアマネジャー**
訪問介護職 ………… サービス提供責任者、ホームヘルパーなど、訪問介護に携わる介護職すべてを指します。

※一部、「ヘルパー」「ケアマネ」「サ責」「居宅」など、略語を用いている箇所もあります。

第1章

利用者・家族に訪問介護を理解してもらう

訪問介護について正しく理解してもらうことは、
利用者・家族とのトラブル軽減、ひいてはホームヘルパーの
離職率の低下につながります。つまり、第2章以降で触れる
内容の大半は、「利用者・家族に訪問介護を理解してもらう」ことで
解決できたり、そもそも問題になることを防げたりします。
実際には第1章の内容も第2章で取り上げる契約に関わることですが、
別立てにしました。当法人で実際に使用している
資料も豊富に用意しましたので、どうぞお役立てください。

Q1

ホームヘルパーを家政婦（夫）と
勘違いしている利用者や家族が多いです。
どう説明すればよいのでしょうか？

A 契約時やサービス担当者会議の際に、「介護の専門職」と「家事のプロ」という違いをしっかり説明しましょう。

ホームヘルパーが「介護の専門職」であることを理解してもらう必要があります。

- **家事代行サービス**／個人または民間事業者と契約を結び、提供されるもの

- **訪問介護サービス**／介護保険法などにのっとり、自治体の指定を受けた
  訪問介護事業所が提供する公的（フォーマル）なもの

この点が大きな違いとなります。

　利用者や家族への説明は、ホームヘルパーではなく、管理者やサービス提供責任者が対応するのが適切です。口頭だけで理解してもらうのは難しいので、**資料1**のような文書を作成するとよいでしょう。

　一方で、事業所内研修などの機会を活用して、ホームヘルパー自身も正しく理解する必要があります。利用者が「できないから」支援するのではなく、「できること」に着目して、「この部分はできているので、続けてもらおう」「できることで、できないことをカバーできないか？」といった視点を持つことが大切です。

　なお、利用者が「家事のプロ」を必要としているのであれば、ケアマネジャーも含めて、しっかりと話し合う必要があります。

第1章　利用者・家族に訪問介護を理解してもらう

資料1　ホームヘルパーは「介護の専門職」

ご利用の前に……

ホームヘルパー（訪問介護員） = 家政婦（夫）ではございません。

訪問介護は、40歳以上の国民が納めている介護保険料と税金をもとに運営されている**介護保険制度に準ずる福祉サービス**であることをご理解ください。

ホームヘルパー（訪問介護員）は**介護福祉士等の資格を保有**し、ご利用者様のご自宅での自立した生活を支えるべく、**自立支援という専門性**をもって、サービスをおこないます。

ホームヘルパー（訪問介護員）は、調理や掃除などの生活援助、入浴やトイレ介助などの身体介護を通して、ご利用者様の心身の状況、生活環境、ご不安に思われていることを把握し、適切にケアマネジャー等の関係機関へ報告することで情報の共有をおこないます。

ホームヘルパー（訪問介護員）のサービスを受けるにあたっては、**介護保険制度により定められているルールがある**ことをご理解ください。

Q2 訪問介護で「できないこと」をわかってもらえず困っています。

A 口頭で説明するだけでなく、後から確認できるよう、わかりやすい資料で説明しましょう。

　1人で訪問するホームヘルパーにとって、現場では訪問介護計画書に基づいたサービスの提供が最も重要であり、「できる・できない」についてやり取りするのは、とてももったいない時間です。「何回も説明しているのに……」など、ホームヘルパーの心理的負担も大きくなります。そうした無駄をなくすには、事前の準備が大切です。

　契約時はもちろんですが、サービス担当者会議のときに、「『当事業所ではこのような行為はおこなえません』等を記載した資料を作成したので、皆さまにもご理解とご協力をお願いします」と手渡すとよいでしょう。

　その際、「当事業所は、ご利用者様に適切なサービスを提供し、安心して日々の生活を送っていただくために、このような取り組みをおこなっています」と**利用者側のメリットも添える**と、よりよいと思います。

　資料2（全12枚）を参考に、自事業所の状況に合わせて「ホームヘルパーができないこと」をまとめ、説明時に活用しましょう。

　サービス担当者会議で手渡すことをおすすめする理由として、家族やケアマネジャー等の他職種にも事業所の方針を伝えられ、協力を得やすくなる点があります。コミュニケーションを図れるチャンスでもあるので、普段からホームヘルパーの役割について理解してくれる仲間を増やしましょう。
　「できる・できない」を最初からハッキリさせることで、サービス中にホームヘルパーが悩む場面も減らせます。働きやすい職場環境をつくることも大事な業務といえます。

第1章　利用者・家族に訪問介護を理解してもらう

資料2-1　ホームヘルパーができないこと①

直接ご本人の援助に該当しない行為はできません。

　ホームヘルパーは、介護保険制度に準じて訪問しています。そのため、介護保険制度の要介護認定を受け、要支援もしくは要介護と判定され、当事業所と契約を結ばれた**ご利用者様にのみ**、サービスをおこなえます。

※**ご利用者様以外のご家族様**へのサービスは制度上、不適切とされ、**できません**。ご理解をお願いいたします。

（例）

ご利用者様の居室の掃除　等

できます

ご利用者様**以外**の**ご家族様**の居室の掃除　等

できません

ご利用者様分の買い物・料理　等

できます

ご利用者様**以外**の**ご家族様**の買い物・料理　等

できません

ご利用者様と**ご家族様の共有スペース**の掃除、または**共有する**買い物、料理　等

条件次第ではできますが、基本的にはできません

条件とは
ご家族様が障害、疾病などにより家事をおこなうことが困難で、ケアマネジャー等が開くサービス担当者会議等で検討され、必要と判断された場合。もしくは自費サービスのご契約者様。

13　訪問介護の困りごとQ&A

資料2-2　ホームヘルパーができないこと②

「日常生活の援助」に該当しない行為はできません。

大掃除・模様替え・窓拭き等は
日常的におこなわれる家事の範囲を超える行為にあたります。

「日常生活の援助」とは
ご利用者様の日々の生活において、日常的に必要な援助を指します。大掃除・模様替え・窓拭き等は該当しません。エアコンのフィルター掃除やカーテンの付け替え等もできません。ご理解をお願いいたします。

その他
「日常生活の援助」に該当しない行為の例

❌ペットの世話　❌車の洗浄　❌花木への水やり　❌草むしり
❌正月や節句等の特別な調理　❌踏み台を使う照明器具の交換　❌植木の剪定等の園芸　❌来客対応

注：「日常生活の援助」に該当しない行為はこの限りではございません。
　　上記以外の援助につきましては、事業所にお問い合わせください。

訪問介護の困りごとQ&A　14

第1章　利用者・家族に訪問介護を理解してもらう

資料2-3　ホームヘルパーができないこと③

医療行為にあたる行為はできません。

ホームヘルパーは、医療行為や療養上の世話・診療の補助はできません。

（例）
注射、褥瘡（床ずれ）の処置、摘便、巻き爪など変形した爪の爪切り、医師の処方によらない医薬品を使用した介助　等

ご家族様がされている医療行為でも、ホームヘルパーはできません。

医療行為にあたらない行為の例

- 体温測定
- 血圧測定
- パルスオキシメーターの装着
- 軽微な切り傷、すり傷、やけどなどの処置
- 爪切り（巻き爪は不可）
- 口腔ケア
- 医薬品（一包化された内用薬や軟膏、湿布、点眼薬など）の使用の介助
- 耳掃除
- 市販の浣腸器を用いた浣腸

※ただし、軟膏塗布、湿布貼付、点眼（目薬）等を含め、いずれの行為も医師や歯科医師、薬剤師、看護師の指導や助言を要します。

一定の条件のもと、できる医療行為もあります

- たんの吸引　等

一定の条件とは
所定の研修を修了し、事業者も登録特定行為事業者として登録済みであること等が必要となります。

資料2-4　ホームヘルパーができないこと④　【買い物編①】

ホームヘルパーは、ご利用者様分の買い物しかできません。

　ホームヘルパーは、**介護保険制度**に準じて訪問しています。介護保険制度の**要介護認定**を受け、**要支援もしくは要介護**と判定され、当事業所と**契約を結ばれた方のみ**へのサービスとなりますので、上記に含まれない方へのサービスは、同居のご家族様であってもできません。ご理解をお願いいたします。

※買い物に行くことだけが困難な場合は、スーパーやコンビニ等が実施している、配達サービスのご利用をおすすめします。ご自身で商品を選び、お金のやり取りをすることで、認知症予防にもつながります。

買い物支援では、お酒、たばこ、市販薬は購入できません。

　ホームヘルパーが生活援助としておこなう買い物支援では、**「日常生活において必要最低限のもの」**と決められています。**お酒やたばこ等は嗜好品**であるため、ホームヘルパーが購入することはできません。
　市販薬は、病院の処方薬との飲み合わせにより重篤な状況を招く可能性もあることから、一般的に不適切とされています。当事業所においても購入はできないことになっております。ご理解をお願いいたします。

訪問介護の困りごとQ&A　　16

第1章　利用者・家族に訪問介護を理解してもらう

資料2-5　ホームヘルパーができないこと⑤　【買い物編②】

買い物支援では、遠方の店舗には行けません。

　ホームヘルパーが**買い物支援で行くことのできる店舗の範囲**は、当事業所では**学区内**としております。もし、ご利用者様の求める商品が店舗になかった場合は、代替品の購入を依頼していただくか、店舗に取り寄せを依頼していただくよう、お願いいたします。

※店舗によっては配達サービスをおこなっていますので、ご活用をお願いいたします。

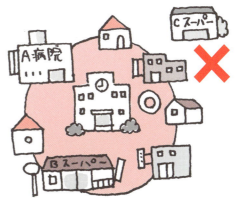

買い物支援では、ホームヘルパーが代金を立て替えることはできません。

　ホームヘルパーは、ご利用者様宅を訪問し、買い物の有無を尋ね、代金をお預かりしてから買い物に向かいます。訪問前に買い物に行き、ホームヘルパーが**代金を立て替えて**、購入してからご自宅を訪問することはできません。ご理解をお願いいたします。

ホームヘルパーが持てる量の買い物をお願いします。

　ホームヘルパーは1人ひとり移動方法が異なります。車、バイク、自転車と様々です。**事故の原因**になるような**大量もしくは重量のある買い物**はできません。ご利用者様の良識のあるご判断をお願いいたします。

資料2-6　ホームヘルパーができないこと⑥【掃除編①】

ホームヘルパーは、ご利用者様分の掃除しかできません。

　ホームヘルパーは、**介護保険制度**に準じて訪問しています。介護保険制度の**要介護認定**を受け、**要支援もしくは要介護**と判定され、当事業所と**契約を結ばれた方のみ**へのサービスとなりますので、上記に含まれない方へのサービスは、同居のご家族様であってもできません。ご理解をお願いいたします。

ホームヘルパーは、プロの清掃業者ではありません。

　介護保険制度上、ホームヘルパーがご利用者様宅でおこなう掃除支援は「**日常生活の援助**」になります。
　大掃除や窓拭き等は、この「日常生活の援助」には**該当しません**。その他、**プロの清掃業者がおこなうような専門的な掃除**もできません。

（例）
・コンロの油汚れをキレイに取り除く
・冷蔵庫の中身を出して、キレイに拭く
・床にワックスをかける
・特殊な洗剤で水まわりを磨く　等

※自費サービスにてご相談いただくことはできますが、ホームヘルパーは清掃のプロではありませんので、本格的な清掃を希望される場合は清掃業者への依頼をおすすめします。

訪問介護の困りごとQ&A　18

第1章　利用者・家族に訪問介護を理解してもらう

資料2-7　ホームヘルパーができないこと⑦　【掃除編②】

ホームヘルパーは、掃除道具を持参することはできません。ご利用者様宅のものを使用させていただきます。

　掃除に使う道具は**ご利用者様のご自宅にあるもの**を使用させていただきます。

　ご自身で掃除道具を揃えることが難しい場合は、ホームヘルパーが買い物代行して準備することも可能です（道具によっては対応できないものもあります）。

※床の雑巾がけはホームヘルパーにとっても腰に負担が大きいため、フロアワイパー等のモップの購入をご検討いただけますと幸いです。

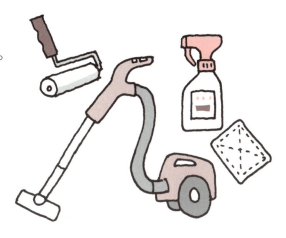

ペット関連の掃除や世話はできません。

　介護保険制度上、**ペットに起因する汚れの清掃やペットの世話は支援内容には含まれておりません**。ペットの毛が抜けて絨毯等についている場合に、掃除機でほこり等と一緒に掃除することはあっても、基本的に**ペット関連の掃除はできません**。

（例）
・ペット用トイレシートの交換
・ペットがこぼしたエサまわりの片付け
・絨毯についたペットの毛取り　等

糞尿の処理、エサやりもできません。
ご理解をお願いいたします。

資料2-8　ホームヘルパーができないこと⑧　【掃除編③】

ホームヘルパーは、車の洗浄、庭の草取り、植木の剪定、水やり等はできません。

　これらは**「日常生活の援助」には含まれません**。ご家族様がおこなうか、専門業者のご利用をお願いいたします。

※自費サービスにてご相談いただくことはできますが、介護保険制度上のサービスが主となるため、状況によってはお受けできない可能性があります。専門業者や自治体が実施するシルバー人材センター等をご利用いただく方法もありますので、ご担当のケアマネジャーにご相談ください。

ホームヘルパーは、ご利用者様ができない部分のお掃除をお手伝いさせていただきます。

　ホームヘルパーは、ご利用者様がご自分ではできず、日々**お困りの部分のみ**お手伝いができます。できる部分をホームヘルパーがしてしまうと、**自立支援を阻害**してしまいます。
　認知症予防、身体機能の維持のためにも、ご自身でできていらっしゃる部分は、継続しておこなってください。

訪問介護の困りごとQ&A　　20

第1章　利用者・家族に訪問介護を理解してもらう

資料2-9　ホームヘルパーができないこと⑨　【掃除編④】

ホームヘルパーは、ご利用者様宅のゴミを持ち帰って捨てることはできません。

収集日にゴミを出せなかった場合は、**別の指定日に捨てる**ことになりますので、ニオイ対策として、**フタ付きのゴミバケツ**の購入のご検討をお願いいたします。

※自治体によっては、収集場所にゴミを出すことが困難な世帯に対し、支援をおこなっています。ご希望がありましたら、ご担当のケアマネジャーにご相談ください。

フタ付きの
ゴミバケツ

ゴミの分別は、各自治体の決まりを守らせていただきます。ご利用者様も分別へのご協力をお願いいたします。

ホームヘルパーは、ご利用者様が難しい場合は、ゴミ出しの支援をすることもできます。その際、各自治体で**決まっている曜日や分別方法でしか出せません**。

ご利用者様におかれましても、日頃から**ゴミの分別**へのご協力をお願いいたします。

21　訪問介護の困りごとQ&A

資料2-10　ホームヘルパーができないこと⑩　【 調理編① 】

ホームヘルパーは、ご利用者様分の調理しかできません。

　ホームヘルパーは、**介護保険制度**に準じて訪問しています。介護保険制度の**要介護認定**を受け、**要支援もしくは要介護**と判定され、当事業所と**契約を結ばれた方のみ**へのサービスとなりますので、上記に含まれない方へのサービスは、同居のご家族様であってもできません。ご理解をお願いいたします。

ホームヘルパーは、プロの料理人ではありません。

　ホームヘルパーがご利用者様宅でおこなう調理支援は、**一般家庭における「日々の家庭料理レベル」**になります。**手間のかかる料理や多国籍料理等**は「日々の家庭料理」には該当しません。また**正月料理（おせちなど）等の行事食**も調理できません。

※料理におけるご利用者様の常識と個々のホームヘルパーの常識が異なる場合があります（調味料や調理手順など）。ご自身の好みや調理法はホームヘルパーにしっかりお伝えください。

　最近は食事の配達サービスが増加しています。ホームヘルパーができない手の込んだ料理や正月料理などの行事食に加え、より専門的な栄養を考えた食事をご希望の場合は、各種デリバリーサービスや宅配弁当のご利用をおすすめします。

訪問介護の困りごとQ&A　　22

第1章　利用者・家族に訪問介護を理解してもらう

資料2-11　ホームヘルパーができないこと⑪　【調理編②】

ホームヘルパーは、調理道具を持参することはできません。ご利用者様宅のものを使用させていただきます。

調理に使う道具は**ご利用者様のご自宅にあるもの**を使用させていただきます。

ご自身で調理道具を揃えることが難しい場合は、ホームヘルパーが買い物代行して準備することも可能です（道具によっては対応できないものもあります）。

※ホームヘルパーの時間は限られています。サービスを円滑におこなうため、スライサーや電子レンジ等を優先的に使って、時間の短縮をすることがあります。ご理解をお願いいたします。

ホームヘルパーが、食材や調味料をお持ちすることはできません。

調理に使う食材や調味料は**ご利用者様のご自宅にあるもの**を使用させていただきます。

調理支援のみを必要とされている方は、**食材等の準備**をお願いいたしします。買い物が困難な方は、スーパー等の配達サービスをご利用になり、ご準備をお願いいたします。

どちらも困難な方は、ホームヘルパーがおこなう買い物支援と併せてご利用の上、調理支援をいたしますが、時間が限られていることをご理解ください。

23　訪問介護の困りごとQ&A

資料2-12　ホームヘルパーができないこと⑫　【調理編③】

ホームヘルパーは、栄養士ではありません。

ホームヘルパーは**栄養のプロではありません**。塩分を抑えるといった簡単な減塩食等はできますが、栄養士のように**カロリー計算や綿密な栄養管理が必要な食事作りはできません**。

※ただし、管理栄養士等の訪問管理栄養指導により、在宅におけるホームヘルパーへの栄養指導がある場合は可能です。

ホームヘルパーが時間内に作れる品数でお願いします。

ホームヘルパーの滞在時間には限りがあります。そのため料理の品数も、**メニューによっては1品程度**になる可能性が十分あります。時間内の作業には**後片付けや記録も含まれる**ことをご理解ください。ご利用者様にはホームヘルパーが、**決められた時間内にサービスが終了できるメニュー**をご考慮くださいますよう、ご理解とご協力をお願いいたします。

消費期限切れの食材を使っての調理はできません。

調理の際、**消費期限切れ**の食材等を「そのぐらいなら大丈夫」と、使うことを希望される場合があります。**衛生管理・責任問題上、消費期限切れ**の食材等を使った調理はお断りさせていただきます。

訪問介護の困りごとQ&A　　24

第1章　利用者・家族に訪問介護を理解してもらう

調理支援については、他にもこうした説明・お願いが有効です

レトルト食品など市販品の活用を提案

例えば、1人分のカレーライスを作ると、材料が無駄になったり、意外と時間がかかったりすることがあります。そこで、「レトルトカレーを使いませんか？ その分、サラダを作るので、栄養バランスがよくなりますよ」といった形で、市販品の活用も提案してみましょう。

注意したいのは、**ホームヘルパーの手間を減らすためではなく、利用者にとって有益かどうかを考えて提案すること**。この視点は、とても重要です。

配食＆デリバリーサービスの情報を定期的にお知らせ

ホームヘルパーが不足している現状において、「調理支援」の優先度は低くなることが予想されます。その一方、配食サービスは年々充実し、デリバリーや冷凍食品の販売などを始めたお店も増えています。そこで、**訪問できない日の食事も見据え、「配食やデリバリーサービスもありますよ」といった情報を提供しましょう。**

「A店のお弁当はおかずが多種類で評判」など、近隣店の情報を集めたり、配食サービスの一覧を作ったりして、定期的に利用者や家族に伝えることも重要な仕事といえます。

> 「最近の配食サービスは種類が豊富ですよ」「安否確認にもなり、お弁当の残り具合をご家族に伝えるサービスをおこなっている会社もあります」など、様々なメリットを付け加えるとよいでしょう。
>
> 人手不足の中、このような外部サービスを活用してもらうことで、身体介護などに人員を回せるという側面もあります。

ホームヘルパーの要望も伝える

ホームヘルパーから「手荒れを防ぐために、食器洗いの際はゴム手袋をはめたい」「ひざが悪いので、調理後にキッチンの床を拭くときはモップを使いたい」などの要望を受けることはありませんか？

利用者や家族の中には、上記のような対応を快く思わず、「他のヘルパーは素手でやっているのに！」など、ホームヘルパーへの苦情につながる場合もあります。

そのため、**要望や相談を受けたときは、事業所から事前に説明をして、トラブルを未然に防ぎましょう。**

25　訪問介護の困りごとQ＆A

Q3

「自立支援」を理解してもらうには、どうすればよいのでしょうか?

A まずは自分たちが正しく理解し、事業所の一貫した考えとして、全員で取り組みましょう。

　利用者としては、「面倒だ」「今まではできていたが、段々できなくなった」などの理由から、他者に協力を仰ぐことは当たり前ともいえます。しかし、訪問介護職は公的（フォーマル）なサービスを提供する介護の専門職として目先のことばかりにとらわれず、利用者が今後も健康で安定した生活を1日でも長く続けられるように支援する責任があります。そのため、まずは訪問介護職自身が「自立支援」をきちんと理解することが求められます。

●訪問介護における自立支援の考え方

　ホームヘルパーは、利用者が末永く住み慣れた自宅で自立した生活を送れるよう、利用者が現状できている動作や家事等はそのまま続けてもらい、できなくなった部分を支援する。

　ホームヘルパーが何でもしてしまうと、利用者の運動機能の低下や、認知症の悪化を招く恐れがある。

　「できなくなった部分の支援」とは、単純にできないから代行するのではなく、「できなくなる部分が増えるのを極力防ぐために支援する」「できることで、できないことをカバーする」という考えが基本です。身体的な「自立」だけでなく、意思決定に関わる「自立」も同じです。そのことを**資料3**のような文書を作成し、利用者にも伝えましょう。

　そして重要なのは、**「担当するホームヘルパー全員が同じ対応をとること」**です。バラバラになってしまうと、「Aさんはやってくれた」「Bさんは何もしてくれない」といったように、利用者の不満がたまり、クレームにつながる場合があります。全員が一貫した対応をとれるよう、事業所として取り組んでいきましょう。

訪問介護の困りごとQ&A　26

第1章　利用者・家族に訪問介護を理解してもらう

資料3　自立支援について

"ともにおこなう" について

ホームヘルパーが来ることになって「掃除や調理をしてもらってラクになった」と思われるかもしれません。

ご利用者様の個別の状況（家事をする能力が著しく低下しているが、住み慣れた家で生活を続けたい等）によっては、適正なご利用方法といえるかもしれませんが、少しでもご利用者様の**残存能力を維持すること**が、ご利用者様の身体機能・認知機能の維持と、住み慣れた家で生活を続けられることにつながります。

（例）
・掃除機をかけるのは難しいが、座っての拭き掃除は可能
・すべて調理するのは難しいが、野菜を切るなどの下ごしらえは可能　等

逆にいえば、**ホームヘルパーが何でもしてしまうと、ご利用者様が生活をしていくうえでの大切な機会（体を動かす、考える）を阻害する可能性がある**ということです。

そのため、「**ご自身でできない部分をホームヘルパーはご支援します**」という目的を掲げています。

ホームヘルパーのいる時間内に、見守られながら、安全に今までされてきた動作や家事を**一緒におこなうことの重要性はとても高く**、ホームヘルパーにとっても、**専門性を発揮**できる状況になります。

以上の理由をもちまして、ご利用者の皆さまにおかれましては

ホームヘルパーと
"ともにおこなう" ことの重要性をご理解ください。

Q4

ペットを室内で放し飼いにしている
お宅があります。サービスに影響が及ぶため、
どう対応すればよいのでしょうか？

A 利用者にとっては家族同然。大変難しい問題だからこそ、やはり契約時に伝えることが重要です。

　最初の契約時は、いくつも伝えることがあり、「時間が足りない」という声も聞かれますが、トラブルを防ぐには、はじめが肝心です。**資料4**のような文書を作成し、ご理解、ご協力をお願いするしかないでしょう。

　すでに常態化しているケースでは、時間をかけてサービス担当者会議などの機会に説得していく必要があります。

　アレルギーの問題など緊急を要する場合には、ホームヘルパーの交代は当然の対応ですが、ケアマネジャーへの連絡、協力依頼も必要でしょう。きちんと手続きを踏み、サービス提供拒否の禁止事項（※）に該当しないことを確認してください。

　また、他事業所との連携も大切ですが、多頭飼育による悪臭問題など根本的な解決につながらないケースも存在します。ペットのことに限らず、地域の課題については、地域ケア会議の開催を依頼するなどの対応が望ましいでしょう。行政をはじめ、警察、消防、民生委員、他の専門職の協力も得て、地域の利用者が安心して生活できる環境を整えていき、同時にホームヘルパーの働きやすい環境づくりを進めましょう。

※サービス提供拒否の禁止事項
【指定居宅サービス等の事業の人員、設備及び運営に関する基準】
（提供拒否の禁止）
第九条　指定訪問介護事業者は、正当な理由なく指定訪問介護の提供を拒んではならない。
↓
正当な理由とは
①当該事業所の現員からは利用申込に応じきれない場合
②利用申込者の居住地が当該事業所の通常の事業の実施地域外である場合、
　その他利用申込者に対し自ら適切な指定訪問介護を提供することが困難な場合

訪問介護の困りごとQ＆A　　**28**

第1章　利用者・家族に訪問介護を理解してもらう

資料4　ペットの対応について

ホームヘルパーの訪問中は、ペットをケージ等に入れていただくか、別の部屋に移動していただくよう、ご配慮をお願いいたします。

全国の訪問介護事業所で、「ホームヘルパーがペットの犬に噛まれた、猫にひっかかれた」などの事例が挙がっております。

ご利用者様にとっては家族のように大事な存在だと思いますが、ペットにとって**ホームヘルパーは見慣れない来訪者**です。どんなにおとなしいペットでも、ご利用者様を守ろうとして噛んだり、ひっかいたりする可能性は十分考えられます。

当事業所では未然の事故防止の観点から、**訪問時間に限っては、ペットとホームヘルパーが直接触れ合わないよう**、ご協力をお願いいたします。

ホームヘルパーの中には動物アレルギーのある者もいます

せき、くしゃみ、喘息、湿疹など、様々なアレルギー症状があらわれ、サービスに支障が出てしまいます。
ご利用者様のご理解、ご配慮をお願いいたします。

ペットのお世話はできません

ホームヘルパーは、ペット関連の掃除や世話は一切できません。ご理解をお願いいたします。

Q5

利用者宅によっては、「喫煙」「エアコンなし」
など、働く環境が過酷で困っています。

A 具体的な理由を挙げ、契約時に理解を求めましょう。
事業所には、ホームヘルパーの健康や
精神衛生を守る義務があります。

　働く場が利用者宅であるホームヘルパーは、環境がその時々で変化するため、非常に難しい問題だといえます。ですが、ホームヘルパーの健康や精神衛生に支障をきたすことは、事業所にとっても大きな損失となり得ます。

　受動喫煙はもちろん、地球沸騰化ともいわれる現代では、室温が高いと熱中症のリスクが増大するとともに、このような環境で働くことへの心理的負担（ストレス）が重なって、サービスの質の低下を招くことは明らかです。**資料5**のような文書を作成し、「喫煙」や「エアコンなし」のリスクを伝えるようにしましょう。

ホームヘルパーが働きやすい環境づくりのために

　上でも述べたように、ホームヘルパーの安全衛生上の課題を知ることは、サービスの質の維持・向上にもつながります。

　風通しの良い関係づくりの一例として、ホームヘルパーに定期的なアンケートを実施することをおすすめします。具体例を挙げながら、「困っていること」「気になっていること」など、なかなか発言しづらいことに配慮して、事業所側から積極的にアプローチしてはいかがでしょうか。Googleフォームなどのアンケート作成ツールを利用すれば、スマホ等から好きなタイミングで回答できます。デジタルも活用しながら、取り組んでいきましょう。

訪問介護の困りごとQ&A

第1章　利用者・家族に訪問介護を理解してもらう

資料5　喫煙、熱中症対策について

たばこの受動喫煙に対し、ご配慮、ご協力をお願いいたします。

● ホームヘルパーの訪問中は、喫煙をお控えください

　受動喫煙により、非喫煙者の肺がんや脳卒中などのリスクも高まるといわれています。令和2年に施行された改正健康増進法では「受動喫煙対策」として、「望まない受動喫煙の防止」が強く打ち出されています。

　サービス中の喫煙は、ホームヘルパーの健康およびサービスに支障が出ますのでお控えください。
※電子たばこもお控えください。

● サービス中は換気をおこないます

　たばこの煙に含まれる化学物質が、服や壁、カーテン、家具等に付着し、それを非喫煙者が吸い込むことを残留受動喫煙といいます。

　たばこに限らず、ウイルスや湿気対策、ご利用者様とホームヘルパーの健康のため、窓を開けて換気をさせていただきます。

熱中症対策への、ご配慮、ご協力をお願いいたします。

● 室温が28℃以上になったら、エアコンや扇風機等を使用させていただきます

　全国各地で気温が上昇し、熱中症の患者数も増加しています。発症場所別では、住居が最も多くなっています。

　そこで、環境省が熱中症予防の目安としている「室温28℃以上」になりましたら、ホームヘルパーだけでなく、ご利用者様の命を守るために、エアコンや扇風機等を使用させていただきます。

> ご利用者様宅にエアコン等がない場合、ホームヘルパーは持参した熱中症対策グッズを使用しながらサービスをおこなう場合があります。ご理解とご協力をお願いいたします。

31　訪問介護の困りごとQ&A

Q6 特定のホームヘルパーを希望する利用者に「ホームヘルパーの指名はできない」ことをどう説明すればよいのでしょうか?

A　**「ホームヘルパーを限定してしまうとサービスを提供できなくなる恐れがある」など、デメリットを伝えましょう。**

　基本的に介護を必要とする利用者に対しては、「チームケア」を実践することで、自立支援や重度化防止が図られると考えられています。複数の専門職がアセスメントして、それぞれの見立て（計画）を共有し、それをもとに実践し、互いに評価し合うことで、利用者の真のニーズを明らかにします。そして、利用者の尊厳を保ちながら、その有する能力に応じて自立した日常生活を確保していきます。

　それは、訪問介護だけをとっても同じで、複数のホームヘルパーが関わることで、利用者に対して様々な気づきが生まれます。それを日々、活かしていくことで、適正で安定したサービスを提供できます。

　ですから、まずは「複数で担当した方が、よりよいサービスを提供できます」と伝えましょう。それでも理解してもらえなかったら、「コロナ禍のときのように、感染症などによってご希望のホームヘルパーが訪問できなくなる可能性もあります。そうしたリスクに備える意味でも、複数で担当させていただきます」と理解を求めましょう。

　なお、サービス途中でこのような問題が起きないよう、**契約時に「ホームヘルパーの指名はできない」としっかり伝える**ことも大切です。もちろん、認知症などにより、特定の者が訪問した方がよい場合は考慮します。

　　　「特定のホームヘルパーを希望する」ということは、見方を変えれば、「そのホームヘルパーが、利用者のニーズをしっかりと捉えた支援をしている」ともいえます。そこで、「なぜ希望するのか？」を聞き取り、事業所としてホームヘルパーの質の向上を図る機会としてみてはいかがでしょうか。

第1章　利用者・家族に訪問介護を理解してもらう

Q7

時間や手間がかかる「独自ルール」がある利用者の支援は、どうしたらよいのでしょうか?

A サービス担当者会議の場で、その内容の必要性をしっかり話し合いましょう。

　「その人らしさ」を大切にすることは重要ですが、訪問介護は公的（フォーマル）なサービスとして、「そのサービス内容は適切なのか」を常に評価する必要があります。

　仮に「独自ルール」があったとして、そのルールを適用してサービスを提供するには、ケアプランに明記されているなど、一定の根拠が求められるでしょう。少なくとも訪問介護計画書には記載が必要です。

　ですから、その「独自ルール」が特別なもので、事業所として不適切であると考えた場合は、事業所単独で判断するのではなく、サービス担当者会議などで話し合うことをおすすめします。公的なサービスで対応するのはふさわしくないと結論付けられれば、インフォーマルサービス（※）への転換も求められます。

　その際、自費サービスを提供している事業所であっても、介護保険サービスと自費サービスを同時一体的に提供することはできないため、時間や曜日を分けるなど、注意しておこないましょう。

※インフォーマルサービス

介護保険などの公的な支援を受けずに提供されるサービスのことを指し、家族や友人、地域住民、ＮＰＯ、ボランティアなどがおこなう支援が含まれる。一般的に、インフォーマルサービスは個別のニーズに柔軟に対応できる反面、専門性や安定性が十分でない場合がある。

Q8

サービス内容に対し、家族の要求が高すぎる場合、どう対応すればよいのでしょうか?

A 要求内容によって対応は異なりますが、「このサービスは適正か?」を常に考える姿勢は大切にしましょう。

　Q2で紹介した通り、明らかにNGな内容であれば、**資料2**を活用して「ホームヘルパーができないこと」を繰り返し伝え、理解を求めるしかないでしょう。

　しかし、各種基準を遵守し、適正、公平性を考え、さらには限られた人員で時間内にサービスを提供するため、様々なミスマッチもあります。要求内容によっては、「今のサービスは利用者にとって適正か?」を考え、必要に応じて支援内容を検討したり、他のサービスを提案したり、といった可能性を模索しましょう。

〈 例えば、こんな要求があったら…… 〉

● 手の込んだ調理を要求するケース

　調理支援では、一般家庭における「日々の家庭料理レベル」しか作れませんが、自立生活支援・重度化防止のための見守り的援助で、利用者とともに調理をおこなう支援は可能です(ただし、この場合も手の込んだ調理は不可)。

　現状の調理支援では不十分なら、支援内容の変更を提案するのもひとつです。この場合は身体介護になるため、サービス担当者会議などでその必要性を話し合ってください。

● エアコンの清掃を要求するケース

　自費サービスをおこなっている事業所であっても、これは専門業者に依頼するか、家族などインフォーマルサービスの活用を検討すべき事案です。なぜなら、高所にあるため転倒リスクがあります。また、菌が集積している恐れがあり、複数の利用者宅を訪問するホームヘルパーが媒介するリスクは避けなければなりません。

　基本的に家電製品は取扱説明書等に従って清掃や手入れをする必要があり、対応するのは不可能といえるでしょう。

● 庭の花木の水やりを要求するケース

　庭の花木の手入れが、その利用者のQOL向上につながるのであれば、まずはインフォーマルサービスの活用を検討しますが、自立生活支援・重度化防止のための見守り的援助として可能な場合もあります。サービス担当者会議で必要性を検討し、実施の際はケアプランや訪問介護計画書で期限を定める必要があります。

● 家族の要求が利用者の行動制限につながっているケース

　安全を優先するあまり、「本人がちょっと庭に出たいと言っても断ってください」など、利用者の希望と家族の意向が食い違うケースが多々あります。

　ホームヘルパーが対応に苦慮することのないよう、ケアマネジャーや主治医などの協力も得て、双方の意思の統一を図れるよう事業所として対応しましょう。

訪問介護の困りごとQ&A　　34

第1章　利用者・家族に訪問介護を理解してもらう

Q9

家族から頻繁に電話がかかってきます。どうしたら減らしてもらえるのでしょうか?

A **なぜ頻繁に電話があるのか、潜在的なニーズをみんなで考えましょう。**

　電話をかけてくるということは、何かしらの不安や不満があると考えられます。また、見方を変えれば、その家族は利用者に強い関心があると見られ、よい関係性を築ければ、心強い存在になるといえます。

　ですから、その場その場をやり過ごすのではなく、潜在的なニーズを探り、根本から解決するよう努めましょう。担当するサービス提供責任者だけでなく、できるだけ複数で話し合い、意見を交わすことをおすすめします。下記に例を挙げるので参考にしてみてください。

心配で電話をしてくるケース

　利用者の様子が心配で電話をかけてくるのであれば、見守りカメラの設置などを提案することで解決できるかもしれません。

　また、特に理由はなくても、こまめに連絡を取りたい家族もいます。その場合、ひと手間増えますが、連絡帳の活用も有効でしょう。最近では、サービス提供記録もデジタル化されています。サービス終了と同時に、事業所だけでなく、一部の記録が家族にも瞬時に提供できるアプリを活用している事業所も増えてきています。サービスの見える化が、家族の心配事を減らす手段になるかもしれません。

訪問時の指示を電話してくるケース

　訪問時に依頼したいことを毎回電話してくる家族もいますが、訪問介護サービスはケアプランと訪問介護計画に沿った支援が基本です。その都度サービス内容が変わることは制度の趣旨からも好ましくありません。

　こうした依頼の電話が続くようであれば、相談援助の専門職であるケアマネジャーを通して依頼してもらうことなどを提案しましょう。計画に沿った支援でない場合、保険給付を請求できなかったり、返還する必要が出てきたりするので注意しましょう。

35　訪問介護の困りごとQ&A

Q10

訪問すると、毎回お茶とお菓子を用意してくださる利用者がいて困っています。上手な断り方を教えてください。

A 契約時に「すべてお断り」するのはもちろん、自分でお茶を用意して持って行くなど、利用者が納得できる伝え方を試みましょう。

　"おもてなし"は、とても難しい問題です。利用者とホームヘルパー双方の負担にならず、かつサービスに集中できるよう、契約時に「すべてお断り」することが重要です。口頭だけでなく、**資料10-1**のような文書を作成して手渡すとよいでしょう。その際、「ホームヘルパーは自分で飲み物を持ってきますので、お気遣いのないようお願いします」といった伝え方をすると、安心してもらいやすくなります。

　とはいえ、実際に訪問すると、おもてなしを受けることもあるでしょう。その場合は、持参した水筒やペットボトルを見せながら、あらためて上記のように伝えたり、「私たちも公務員のようにおもてなしを受けることは禁止されています」と説明したりしましょう。

　また、担当ホームヘルパー全員が同じように対応することも重要です。「Aさんは飲んでくれたのに！」とならないよう、事業所内で徹底しましょう。

　"おもてなし"以外にも、利用者や家族が疑問を持ちやすいことをまとめた「訪問介護ご利用上のご注意」、災害時や感染症等への対応をまとめた「訪問介護の適正なご利用のために」を**資料10-1**から**10-4**にまとめました。これらも契約時に伝えて、後々、ホームヘルパーの負担にならないよう努めましょう。

臨機応変な対応も必要です

認知症の方はお茶をいれることが自立支援や状況確認につながります。そのため、ケースに合わせた対応を取ることもあります。

第1章　利用者・家族に訪問介護を理解してもらう

資料10-1　訪問介護ご利用上のご注意①

訪問介護ご利用上のご注意

当事業所との契約上、ご理解いただきたいことをご説明させていただきます。

ホームヘルパーへの<u>おもてなしは必要ありません。</u>

　ホームヘルパーへの**茶菓子等**のお心遣いやおもてなし、**お中元やお歳暮等**は必要ございません。ご利用者様におかれましては、どうかお気遣いなく訪問介護サービスをご利用くださいますよう、ご理解をお願いいたします。

ホームヘルパーの<u>活動記録票の記入はサービス時間に含まれます。</u>

　ホームヘルパーは、訪問時のご利用者様のご様子や日々の変化、その日におこなったサービス内容等を活動記録票（サービス提供記録）に記録し保管しています。サービスをおこなった証明にもなります。
　介護保険制度上でも、記録の時間はサービスの時間に含まれるとされています。ご理解ください。

<u>キャンセルはお早めに</u>ご連絡ください。

　予定されているサービスをキャンセルされる場合は、お早めにご連絡をお願いいたします。
　前日の17時までにご連絡いただけない場合は、緊急の病院受診、救急搬送、災害等を除いて**キャンセル料が発生**しますので、ご注意ください。

37　訪問介護の困りごとQ&A

資料10-2　訪問介護ご利用上のご注意②

訪問介護ご利用上のご注意

当事業所との契約上、ご理解いただきたいことをご説明させていただきます。

ホームヘルパーは、預金通帳・カード類はお預かりできません。

ホームヘルパーは、ご利用者様から**預金通帳やカード**をお預かりして、**預貯金の引き出しや入金をすることはできません**。

ホームヘルパーの車には、ご利用者様を乗せることはできません。

ホームヘルパーの車にご利用者様を乗せて、**買い物や目的地にお送りすることは認められていません**。ホームヘルパーと一緒に買い物等に行く場合は、**公共交通機関**（バス、タクシー等）をご利用ください。

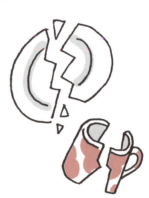

ホームヘルパーが不注意により物品を壊した場合について。

ホームヘルパーはご利用者様宅にある道具を使って掃除や調理等をおこないます。十分に注意していても破損させてしまうことがあります。そういった場合、**どうやって破損したのか等をしっかり確認**させていただいたうえで、**保険等を使い賠償**させていただきます。

ただし、**経年劣化しているもの、最初から破損していたもの**は賠償できません。ご理解をお願いいたします。

第1章　利用者・家族に訪問介護を理解してもらう

資料10-3　訪問介護の適正なご利用のために①

訪問介護の適正なご利用のために

"災害時の対応"について

災害（地震、台風、大雨他）時は、サービスの変更や中止をお願いする場合があります。

　災害の状況によっては、ホームヘルパーの訪問に影響する可能性も十分に考えられます。**「ホームヘルパーが訪問できない」「サービスの時間に間に合わない」**、場合によっては**「訪問日を変更していただく」**という可能性もあることをご理解ください。

　内閣府が発表している、「避難情報に関するガイドライン」では、5つの警戒レベル別に、私たちがとるべき行動を示しています。
　警戒レベル3の「高齢者等避難」は、避難に時間がかかる**高齢者や障害のある人の避難が必要なレベル**です。**警戒レベル4の「避難指示」は、住民すべての避難が必要**です。
　ご理解いただいたうえで、ご自身の安全とともにホームヘルパーの安全も考慮していただきますようお願いいたします。

警戒レベル	避難情報等
5	緊急安全確保
4	避難指示
3	高齢者等避難
2	大雨・洪水・高潮注意報（気象庁）
1	早期注意情報（気象庁）

災害時には"早めの避難"をすることでご自身だけでなく関係者の命も守る行動をお願いします！

資料10-4　訪問介護の適正なご利用のために②

訪問介護の適正なご利用のために

"感染症等への対応"について

**ご利用者様・ホームヘルパーの
命を守るため、ご協力をお願いします。**

〈 感染症流行時の訪問および感染症予防について 〉

1 ホームヘルパーは、**毎日検温してから訪問**します。お互いの感染症予防のため、**ご利用者様**におかれましても、ホームヘルパーの**訪問前に検温の実施**をお願いいたします。

2 ホームヘルパーは、感染症等をご利用者様宅に持ち込むことを**できる限り防ぐため**、訪問時は**手洗い・うがい・手指消毒**をおこないます。ご利用者様におかれましても、**できる限りの予防対策**をお願いいたします。

3 **ホームヘルパーが体調不良**の際は、**ホームヘルパーの変更、時間変更、曜日変更**をお願いすることもあります。

4 **ご利用者様が体調不良**の際は、当事業所かケアマネジャーへの**ご連絡**をお願いいたします。**サービスの中止、時間変更（その日の最後に訪問）、ホームヘルパーの交代**などの対応をとらせていただくことがあります。

5 感染者が増加している地域にお住まいのご家族様等が、帰省などでいらっしゃる場合は、**サービスの一時停止、時間変更（その日の最後に訪問）、ホームヘルパーの交代**などの対応をとらせていただくことがあります。

第2章

契約からサービス開始に向けて

いよいよ契約からサービス開始に向けて動き出します。
利用者が安心してサービスを受けられる環境を整えるため、
しっかりと準備をしましょう。
この段階では、すべてにおいて、根拠や今後に活かすことを考え、
「記録」に残すことが重要になります。
当法人で実際に使用している書式や記載例を参考にしながら、
自事業所の取り組みについて
話し合ってみてはいかがでしょうか。

Q11

契約に伺った際、確認すべきことが多すぎて時間が足りません。何か方法はありますか?

A 新規依頼があった際に「受付票」などを利用して、事前にできるだけ情報を得るようにしましょう。

契約は、利用者と事業所がお互いの合意や意思を確認する重要な場であるため、そのタイミングにすべてを聞き取るのは不可能といえます。そこで、ケアマネジャー等から新規依頼があった際に、必要事項(介護度、年齢、性別、希望の曜日と時間、希望のサービス内容、駐車場等の情報など)を確認しましょう。当法人では漏れがないよう、**資料11**の「サービス提供依頼受付票」を利用して管理しています。この受付票の内容も、現場の意見を聞きながら少しずつ変更しています。今はICT化が進み、介護ソフト上で入力する事業所も多いと思いますが、アレンジできるのであれば、基本フォーマットにとらわれず、変更していきましょう。

なお、利用者や家族に契約時の説明をどれだけ理解してもらえるかで、その後、適正なサービスを提供できるかどうかが左右されます。ホームヘルパーの働きやすさにもつながるため、**定期的にスタッフ同士で練習し、どうすれば伝わるのかを客観的に評価し合う**ことをおすすめします。

駐車スペースの確認を忘れずに

車で訪問する場合、新規依頼時に「駐車スペースはあるか」「ない場合、自転車やバイクは置けるのか」「置き場所はどこか」などは最低限確認しましょう。

駐車スペースがないことを理由にサービスの提供を断ることはできません(提供拒否の禁止／28ページ参照)。また、利用者に駐車料金を別途請求することも不適切とされています(移動に要する経費などもすべて報酬に含まれているとされるため)。

とはいえ、事業所としては経費がかかるため、自転車やバイクで訪問する、近隣商店や民生委員宅に駐車させていただけないか相談する、警察署に駐車許可申請をおこなうといった対応を検討しましょう。

訪問介護の困りごとQ&A　42

第2章	契約からサービス開始に向けて

資料11　サービス提供依頼受付票

サービス提供依頼受付票

令和　　　年　　　月　　　日　　　　　受付者

居宅名	
ケアマネ名（連絡先）	

利用者情報

住所	
氏名	男性　　　女性
年齢	
要介護度	総合事業　障がい福祉サービス
認知機能	認知症高齢者の日常生活自立度　　自立　Ⅰ　Ⅱ　Ⅲ　Ⅳ　M
家族構成等	
駐車場等	P　あり　　　　　なし

サービスに関する要望等（曜日・時間・内容等）

	月	火	水	木	金	土	日
時間帯							
内容等							

身体介護中心型　　　　　　身体・生活　　　　　生活援助中心型

受け入れ可否・担当サ責（チーム）、ヘルパー

担当サ責

担当ヘルパー

新規依頼の受付時、注意する点・心がける点は？

その時々で対応が難しいですが、基本的には即答せず、「調整して連絡します」「管理者に確認します」等、一度電話を切ってから、折り返すことをおすすめします。

引き受けたくても、人員の確保が難しい場合もあります。サービスの質を落とすことなく、ホームヘルパーが無理なく働ける環境を整えることも重要です。

ただし、信頼関係が大切ですから、できるだけ早く調整し、ケアマネジャーに回答しましょう。調整できた場合は、担当のサービス提供責任者から電話します。断る場合は、管理者から電話しましょう。今後の関係性もあるため、管理者がよいと思います。

Q12

契約に伺ったところ、事前情報と
実際の状況が大きく異なりました。受け入れが
難しい場合、どうすればよいのでしょうか?

A 「提供拒否の禁止」があるため、受け入れ不可はNGです。
サービス担当者会議で事前情報を再確認し、ケアプラン
に沿った内容しか対応できないことを説明しましょう。

訪問介護サービスの提供を拒んでも許される「正当な理由」は28ページの通りですが、よりわかりやすい言葉でいうと、

- 利用者の希望の曜日・時間帯に空きがない、
  そもそもホームヘルパーの空きがない場合 等

- 重要事項説明書に記載されている地域外へのサービス
  （例：小学校の学区を対応地域と記載している場合はその区域外）

- 利用者のハラスメントや暴力等により提供が困難、
  利用者の要求に応えられないと事業所が判断した場合 等

となります。ただし、いずれのケースも他事業所を紹介するなど、誠実に対応しなければならないとされています。

上記から考えると、事前情報と実際の状況が大きく異なる、という中に「正当な理由」に該当する内容がなければ、提供を拒むことはできません。そのため、まずは訪問介護の目的や方針、訪問介護で「できること」「できないこと」などをきちんと説明し、同意を得ましょう。

納得していただけない場合は、サービス担当者会議でケアマネジャーとともに、ケアプランに沿って作成した訪問介護計画に基づいたサービスしか実施できないことを説明し、理解を求めましょう。

訪問介護の困りごとQ&A　　**44**

第2章　契約からサービス開始に向けて

Q13

アセスメントが重要なのは理解していますが、関係性が浅い段階だと、どこまで踏み込んでよいのかが難しく、聞き方に悩みます。

A 直接聞くのが一番ですが、リスクがある場合は、「もしも○○なら……」と尋ねると聞きやすいでしょう。

　確かに関係性が構築されていないと難しいケースもあるでしょう。自分が利用者の立場になって考えてみてください。必要とはいえ、初対面の相手に自分のプライバシーをアレコレ聞かれて、何でもオープンに話すのは抵抗を感じるのではないでしょうか。

　その場合、「もしも」話が有効です。例えば、「もしも、急に入院することになったら、（家族の）どなたが協力的ですか?」「もしも、自己負担が3割に上がったらどうしますか?」など。「もしも」で質問されるだけで、聞かれた方は答えやすくなります。

アセスメントに必要なことは?

　アセスメントとは、利用者のニーズや身体状況・環境等を把握するために、様々な情報を収集・分析することを指します。利用者にどのようなサービスが必要なのかがわかり、訪問介護計画書を作成する材料になります。必要事項を漏らさないよう、当法人では**資料13**の「アセスメントシート」を活用しています。これには特に定められた様式はありませんが、課題分析標準項目を含むものが望ましいとされています。

課題分析標準項目

①基本情報
　（受付、利用者等基本情報）
②これまでの生活と現在の状況
③利用者の社会保障制度の利用情報
④現在利用している支援や
　社会資源の状況
⑤日常生活自立度（障害）
⑥日常生活自立度（認知症）
⑦主訴・意向

⑧認定情報
⑨今回のアセスメントの理由
⑩健康状態
⑪ADL（日常生活動作）
⑫IADL（手段的日常生活動作）
⑬認知機能や判断能力
⑭コミュニケーションにおける
　理解と表出の状況
⑮生活リズム

⑯排泄の状況
⑰清潔の保持に関する状況
⑱口腔内の状況
⑲食事摂取の状況
⑳社会との関わり
㉑家族等の状況
㉒居住環境
㉓その他留意すべき事項・状況

資料13　アセスメントシートと記載例

アセスメントシート

初回 ☑　区分変更 □　更新 □　　　　記入日：R7 年 3 月 1 日

利用者名：　熊本 太郎　様　　　　記入者：　東京 一郎

ADL	麻痺	なし ☑　左上肢 □　左下肢 □　右上肢 □　右下肢 □			拘縮　なし ☑　あり □	
	関節制限	肩関節 □　肘関節 □　股関節 □　膝関節 □				
	寝返り	自立 ☑　見守り □　一部介助 □　全介助 □				
	起き上がり	自立 ☑　見守り □　一部介助 □　全介助 □				
	立ち上がり	自立 ☑　見守り □　一部介助 □　全介助 □				
	立位	自立 ☑　見守り □　一部介助 □　全介助 □				
	排泄(尿)	自立 ☑　見守り □　一部介助 □　全介助 □ トイレ ☑　P-WC □　おむつ・リハパン □　バルーン □				
		尿意 なし □　あり ☑　失禁 なし □　あり ☑				
	排泄(便)	自立 ☑　見守り □　一部介助 □　全介助 □ トイレ ☑　P-WC □　おむつ・リハパン □　ストーマ □				
		便意 なし □　あり ☑　失禁 なし □　あり ☑				
	更衣/着脱	上衣　自立 ☑　見守り □　一部介助 □　全介助 □ ズボン　自立 ☑　見守り □　一部介助 □　全介助 □ 靴下　自立 ☑　見守り □　一部介助 □　全介助 □				
	入浴	自立 □　見守り □　一部介助 ☑　全介助 □				
	片足立位	可 □　支えがあれば可 □　不可 ☑				
	座位	可 □　支えがあれば可 ☑　不可 □				
	移乗	自立 ☑　見守り □　一部介助 □　全介助 □				
IADL	外出	自立 □　見守り □　一部介助 ☑　全介助 □				
	買い物	自立 □　見守り □　一部介助 ☑　全介助 □				
	調理/片付け	自立 □　見守り □　一部介助 ☑　全介助 □				
	金銭管理	自立 ☑　見守り □　一部介助 □　全介助 □				
	掃除	自立 □　見守り □　一部介助 ☑　全介助 □				
	洗濯	自立 □　見守り □　一部介助 ☑　全介助 □				
	ゴミ出し	自立 □　見守り □　一部介助 ☑　全介助 □				
	火気管理	自立 ☑　見守り □　一部介助 □　全介助 □				
健康状態	食事	自立 ☑　見守り □　一部介助 □　全介助 □　食事制限 なし ☑　あり □				
	食事形態	主食：普通 ☑　粥 □　ペースト状 □　胃瘻 □　　副食：普通 ☑　刻み □　とろみ □　ペースト状 □				
	嚥下	問題なし ☑　問題あり □　水分摂取 自立 ☑　見守り □　一部介助 □　全介助 □				
	口腔衛生	自立 ☑　見守り □　一部介助 □　全介助 □　　歯　自歯 □　義歯(全部) ☑　義歯(一部) □				
	整容	洗顔　自立 ☑　見守り □　一部介助 □　全介助 □　　洗髪 自立 □　一部介助 □　全介助 ☑ 爪切　自立 ☑　見守り □　一部介助 □　全介助 □				
	洗身	自立 □　見守り □　一部介助 ☑　全介助 □　　褥瘡 なし ☑　あり □				
	服薬	自立 ☑　見守り □　一部介助 □　全介助 □　　皮膚状況 他				
コミュニケーション	視力1	支障なし ☑　ほとんど見えない □　眼鏡使用 □				
	視力2	眼鏡 度なし □　左 光覚弁 □　手動弁 □　指数弁 □　視力　右 光覚弁 □　手動弁 □　指数弁 □　視力				
	視野	眼鏡 色なし □　色あり □　左 視野狭窄 □　色覚 □　まぶしさ □　右 視野狭窄 □　色覚 □　まぶしさ □				
	聴力	支障なし ☑　大きい声 □　[左耳：可 □　不 □]　[右耳：可 □　不 □]　補聴器使用 □				
	電話利用	自立 ☑　一部介助 □　全介助 □　メール利用 □　意思表示 できる ☑　できない □				
	指示反応	通じる □　時々通じる □　通じない ☑　意思決定 できる □　特別な場合を除きできる □　困難 ☑				
	社会参加	積極的 □　普通 □　消極的 ☑　　ほぼなし。外出もほぼ通院時のみ。				
	趣味楽しみ	テレビ鑑賞（特に大相撲と時代劇が好み）　地域との関わり				

特記事項（身体図横）

痛み：腰、背中

以前、ガラスで右手首上を深く切る。神経も切っており、動くが力は入らない。

健康状態（主な疾患、既往歴等）

頚椎損傷2カ所、ヘルニア2カ所、バセドウ病、甲状腺がん

認知と行動

認知症　なし □　あり ☑　　軽度 □　中度 □　重度 □

主な認知症状　特になし。

家族状況

同居 □　別居 ☑　介護者の健康 高齢 ☑　健康 □　病身 □　介護者の負担 有 □　無 ☑

特記事項

ヘルニア、頚椎損傷等により、歩ける時間は2～3分程度とのこと。実際に歩くと痛みの訴えあり。
手は両手とも可動範囲は狭く、背中、頭には届かないため、洗髪、背中の軟膏塗布は介助を要する。
生活上のこだわりが強く、食材によって包丁を替えたり、場所によって掃除道具を替えたりする。
以前サービスに入っていた訪問介護事業所はセクハラ行為があり撤退。
その後、男性ホームヘルパー対応となり依頼あり。

- 一番下の特記事項には、ケアマネジャーからの提供情報なども記載
- 身体図の横の特記事項には、身体に関する特記事項を記載
- 状態の変化を記録するためにも、区分変更、更新以外でも定期的なアセスメントが求められる

といったことを伝えながら、各サービス提供責任者に取り組んでもらっています。今後、科学的介護情報システム（LIFE）の訪問介護適用も視野に、ホームヘルパーの頭に入っている情報の"見える化"が必要だと思います。

訪問介護の困りごとQ&A　46

第2章 契約からサービス開始に向けて

Q14

アセスメントが苦手です。うまくなるコツはありますか?

A 「アセスメント」と構えるのではなく、「普段の観察を言語化すること」と捉え、記録する習慣を身につけるとよいでしょう。

　1対1でサービスをおこなう訪問介護職は、もともとコミュニケーションの技術に優れた人が多いと思います。おそらく「アセスメントが苦手」というより、「アセスメントした内容を文字化すること」や「自分なりの見立てを言葉で表現すること」が苦手なのではないでしょうか。

　また、「アセスメント」といっても、基本になるのは「サービス提供記録」と同様で、普段の観察です。その時点で気づいたことをしっかり記録し、残しておくことが重要です。もとになる情報がなければ、そもそも分析はできません。

　どちらにせよ、克服するには、自分が収集した情報を言語化することに慣れるしかありません。そこで2つの方法をおすすめします。

①5W1Hを基本に記録することを心がける

　利用者から聞き取った情報や観察して気づいたことなどを**「いつ、どこで、誰が、何を、なぜ、どのようにした」**をできるだけ盛り込んで記します。訪問介護の場合、1対1のサービスが基本なので、「誰が」はおもに利用者になります。

　5W1Hの中では、特に「なぜ」の部分に自分の主観が入りやすいので、**「なぜ」の根拠を探ることがポイント**です。

　また、すべてにおいて、**客観的な事実を盛り込むようにし、自分の主観とは区別**します。**48ページの記載例**を参考に取り組んでみましょう。

47　訪問介護の困りごとQ&A

5W1Hを意識した記載例

それぞれ、上が「5W1Hを意識する前」、下が「5W1Hを意識した」記載例になります。

記載例①

「昨夜はよく眠れなかった」と話された。訪問時のバイタルサインは正常であった。

- 「なぜ」眠れなかったのかを聞き取りなどで補完し、推察
- 客観的な根拠を加える

「昨夜は**暑くて**よく眠れなかった」と話された。訪問時のバイタルサインは、**血圧126／86、脈拍80、体温36.8度で通常時と変わらず**、今は**体調不良の訴えもない**。

記載例②

訪問時に左上腕がかゆいとの訴えがあった。

- 「いつ」から、「なぜ」かゆみが起きたのかを聞き取りなどで補完し、推察
- かゆみを訴える箇所を目視し、客観的な事実を加える
- 本人(もしくは家族)の了解を得て、写真等で共有できないか検討(※)

昨日から、原因不明で左上腕のかゆみの訴えあり。**やや発赤あり、熱感なし**。現在もかゆいとのことで、**本人によれば虫刺されではないか**、とのこと。

※写真の共有は、厚生労働省の「医療・介護関係事業者における個人情報の適切な取扱いのためのガイダンス」等を参照し、事業所内で適切な運用が必要。例えば、個人の携帯端末に写真が保存されることがないような取り組みが必須。

記載例③

「墓参りに行きたい」と話された。

- 「いつ」「どこで」「なぜ」「どのように」を聞き取り、誰の援助が必要かも考察
- その目標のために「何を」するかを検討

「**母親の33回忌を迎える来年の○月**に、**出身地の○○県へ墓参りに行きたい**」との意向があった。お墓の手前には階段が20段ほどあるそうだが、**自分の力で上り下りしたい**とのこと。
現時点では難しいと思われるため、**専門職による階段昇降訓練等**をおこなってはどうか。**付き添いはご家族**に担ってもらうとよいのではないか。

訪問介護の困りごとQ&A　　48

第2章　契約からサービス開始に向けて

②「生活動作確認表」を活用する

　資料14の「生活動作確認表」は、訪問介護の専門性を高めるうえで、サービスの見える化・見せる化が必要と感じ、当法人が1年以上かけて作成したものです。「調理」「掃除」など、支援に関わる行為別にいくつか項目を挙げ、利用者の「できる・できない」をチェックします。自立支援・重度化防止に関する内容のため、対象になるのは、ある程度、自立している利用者に限られますが、**客観的な根拠を示せます。**

　例えば、これをアセスメント時に活用することで、ＩＡＤＬはもちろん、**利用者の生活歴や意向**なども読み取れ、コミュニケーションを図るうえでも役立ちます。

さらに詳しく！
「生活動作確認表」のポイント＆活用法

動作だけでなく、利用者の「知力・体力・意欲」に焦点を当てた内容

　自立支援・重度化防止を考えるうえで、例えば調理の場合、「包丁が使えるか」だけでなく、「献立を決められるか」「調理への意欲があるか」といった知力や意欲の有無もとても重要なため、その視点を盛り込んでいます。

　その際、できない行為がなぜできないのかを「知力・体力・意欲」に仕分けし、解決に導いてはどうでしょう。例えば、洗濯支援を希望する利用者の場合、

● **洗濯物を畳めない**

　知力＝知識が不足しているからできないのか？
　体力＝身体機能に原因があって畳めないのか？
　意欲＝もともと、洗濯物を畳む習慣がなかったのか？　　など

モニタリングでも使用し、事例検討などに活用

　アセスメントに限らず、モニタリングなど利用者の状況を確認する際に使用すると、

● **生活動作確認表という具体的な資料をもとに、複数のサービス提供責任者やホームヘルパーで事例検討ができる**

● **自立や重度化防止を阻害している原因を見える化できる**

　といったメリットがあります。

資料14　生活動作確認表

調 理

生活動作確認表　【調理】

[利用者名]

[年 月 日]　　　　　　[時間]　　　：　　　[記録者]

	項目	評価	特記事項	問題
1	調理についての意欲	●		☐
2	献立を決める			☐
3	食材の準備をする			☐
4	食材の調理法を決める			☐
5	包丁の使用			☐
6	食材の皮むき		●	☐
7	食材のカット（大根・かぼちゃなどの硬いものを含む）			☐
8	ガスや電磁調理器の使用			☐
9	鍋やフライパンの使用（大きさや重さに留意する）			☐
10	電子レンジの使用			☐
11	料理の味付け			☐
12	料理の盛り付け			☐
13	配膳			☐
14	使用したものの片付けや洗い物			●
15	ガスの元栓の開け閉め			☐
	評価点数　　合計			

ここに「できる10点・援助があればできる5点・できない0点」の3段階で点数を記入する。

見るべき視点が多数あり、「できる・できない」だけでは判断がつかなければ、特記事項に、「知力・体力・意欲」のどの部分を支援する必要があるのかを記入する。例えば「食材の皮むき」の場合、

● 知力＝その食材に適した、皮のむき方や調理器具の使い方を知っているか

● 体力＝どの程度の重量までの食材なら持てるか、皮むきを続けられるか

● 意欲＝自ら積極的に皮をむこうとする意欲があるか

いち早く取り組むべき問題がある項目は、ここにチェックを入れる。

訪問介護の困りごとQ&A　　50

第2章　契約からサービス開始に向けて

掃除

1	掃除についての意欲	9	便座やふたの裏を拭く
2	掃除機を準備してコンセントに挿す	10	トイレの床を拭く
3	掃除機をかける	11	風呂用洗剤を浴槽にかける
4	掃除機からゴミパックを取り出す	12	浴槽をブラシやスポンジでこする
5	掃除機を片付ける	13	シャワーで洗剤を洗い流す
6	雑巾がけをする	14	浴室の床や排水口の掃除
7	使用した雑巾を洗い、干す	15	テーブルの上を整理整頓して拭く
8	トイレ用洗剤を便器にかけ、ブラシでこする		

洗濯

1	洗濯についての意欲	8	洗濯物を物干し竿にかける
2	汚れ物を洗濯機まで持っていく	9	シーツ等の大きな物を干す
3	適量の洗剤を洗濯機に入れる	10	洗濯物を取り込む
4	洗濯機を操作する	11	洗濯物をハンガーからはずす
5	洗濯機から洗濯物を取り出す	12	洗濯物を畳む
6	洗濯物をハンガーにかける	13	靴下のセットを合わせる
7	洗濯ばさみを使う	14	洗濯物をタンス等に収納する

買い物

1	買い物についての意欲
2	買い物を把握してリストを作成（生協の注文なども含む）
3	店舗への移動（バス、タクシー、車、自転車、徒歩など）
4	買い物かごをセットして、カートを押す
5	欲しい商品を選んで買い物かごに入れる
6	レジで代金を支払う（現金、カード、精算機など）
7	購入した商品をバッグや袋に詰める
8	購入した商品を持って帰る
9	購入した物を適切な場所に片付ける
10	ネットや電話で商品を購入する

ゴミ出し

1	ゴミ出しについての意欲
2	ゴミの分別
3	適切なゴミ袋に入れる
4	ゴミ出しの曜日の把握
5	粗大ゴミの申込手続き

他の行為も「調理」と同様、表にまとめましたが、ここでは項目だけを紹介しました。利用者の状況に応じて、項目を追加したり、差し替えたりして、アレンジすることをおすすめします。

Q15 質問しても、ほとんど答えてくれない利用者にはどう接すればよいのでしょうか？

A その質問が本当に適切だったのか、複数人で話し合いましょう。

　もともと言葉数が少ない人や、他人と関わるのが苦手な人もいますが、「仕方がない」で済ませず、まずは「利用者にとって質問内容が適切だったのか？」「答えやすい質問は何か？」を考えてみましょう。

　それでも会話のきっかけが見つからなければ、できるだけ複数人でアセスメントをおこない、それぞれの見立てを話し合いましょう。1人ひとりの得た情報は少なかったとしても、多くの目で見て、「自分はこう思う」「私はこう思う」と活発に意見を交換、共有することできっかけが見つかったり、質の向上につながったりします。

　仮にアセスメントは1人でおこなっても、その結果をもとに「自分はこう予測する」「このようなニーズがあるのではないか」などを、複数人で話し合うことは有意義です。この場合、どのようにアプローチすれば答えてくれるかをチームで話しましょう。

　なお、「答えてくれない」以上に困るのが、「いつ死んでもいい」「自分なんてどうなってもいい」と口にする利用者への対応ではないでしょうか。非常に難しいケースですが、過去に「では、亡くなった後、どうありたいですか？」「では、ひとまず明日はどうありたいですか？」など、話題を変えずに深めていくと、徐々に本音を語ってくれたケースがありました。

　このようなケースで困ったとき、アセスメントシートをもとに検討会を開いたところ、担当外のサービス提供責任者が「この方、〇〇大学出身ですね。このご年齢で関東の有名大学とは、誇りに思っていらっしゃるのでは？」と発言しました。
　その後、担当者が「出身大学」の話題を振ったところ、会話が広がりました。

訪問介護の困りごとQ&A　52

第2章　契約からサービス開始に向けて

Q16

契約やアセスメントの際、家族が不仲
だったり、「この状況なら家族が支援できる
のでは?」と思ったりすることがあります。
どこまで踏み込んでよいのでしょうか?

A 家族の数だけ答えがあるほど難しい問題ですが、
介護保険法の「尊厳を保持し、その有する能力に応じ
自立した日常生活を営むことができる」という目的が
ブレないよう、常に頭に入れておきましょう。

　こういった家族問題はよくあります。ケースバイケースといったらそれまでですが、家族関係は複雑な場合もあるため、一概に「こうすればよい」と答えが出せないのが実情です。そういうときこそ原点に立ち返り、「目的を達成するためには、どうすべきか」を考えるとよいと思います。

　とはいえ、家族の介護力が向上すれば、インフォーマルサービスの向上につながります。訪問介護の場合、家族と離れて1人で生活している利用者がほとんどですが、子どもの世話にはなりたくないと考えている利用者もいます。一方で、親の役に立ちたくても何をしたらよいかわからない、という子どももいます。そのような家族の橋渡しを担うことも、介護のプロとして求められているのではないでしょうか。

　「庭木のお手入れはできないので、息子さんが週末にでもしてもらえないでしょうか」「エアコンのフィルター清掃はできないので、娘さんが帰省した際にお願いできないでしょうか」などの声かけや相談をすることで、利用者と家族をつなげる役割もあると思います。

　いずれにしても、家族関係が難しい場合は他職種を頼りましょう。そのためにも、ケアマネジャーや民生委員、地域包括支援センターの担当者などと、普段から"顔の見える関係づくり"を図ることが大事です。

Q17

アセスメントの際、経済的な事情にはどう触れればよいのでしょうか?

A 基本的に利用者の金銭に関することは触れない方がよいでしょう。緊急で関わる必要がある際も、ケアマネジャー等の同意を得て進めてください。

生活保護を受けているかどうかは事前情報でわかると思うので、それ以上のことには立ち入らない方がよいでしょう。もちろん、困窮しているとの訴えがあったときは、然るべき対応をすべきです。なぜ困窮しているのかを利用者も交えて考え、家族からの支援が可能かどうか、その他の協力体制はあるのかを聞き取り、ケアマネジャー等に伝えて対応を求めましょう。また、介護のプロとして、成年後見制度（※）に関する知識くらいは身につけておきましょう。

38ページの**資料10-2**でも少し触れていますが、金銭に関することはトラブルに発展しやすいため、金銭管理も含め、基本的に関わらないのが妥当です。

緊急で関わる必要がある場合は、必ずケアマネジャーをはじめ、管理者等、複数人の同意を得て、事業所として対応する姿勢を明確にしたうえで進めてください。

※成年後見制度

認知症、知的障害、精神障害などにより、財産管理（不動産や預貯金などの管理、遺産分割協議等の相続手続など）や身上保護（介護・福祉サービスの利用契約や施設入所・入院の契約締結、履行状況の確認など）などの法律行為をひとりで決めることに不安のある人を法的に保護し、本人の意思を尊重した支援（意思決定支援）をおこない、共に考え、地域全体で明るい未来を築いていく制度。

認知症や障害に備えて、あらかじめ自ら選んだ人（任意後見人）に、代わりにしてもらいたいことを契約（任意後見契約）で決めておく「任意後見制度」、本人がひとりで決めることが心配になったとき、家庭裁判所によって、成年後見人等が選ばれる「法定後見制度」もある。それぞれ手続きや申請が必要。

（参考：厚生労働省ホームページ）

訪問介護の困りごとQ&A

第2章　契約からサービス開始に向けて

Q18

利用者や家族のニーズは、どう引き出せばよいのでしょうか?

A **単純な希望や短期的な意向をしっかり検討し、「潜在的なニーズ」を引き出しましょう。**

　例えば「服薬介助」の依頼があったら、その思いのさらに奥にある潜在的なニーズを明らかにし、解決に導いてはいかがでしょう。「服薬介助を希望」→「間違いなく服薬したいということ」→「それはなぜ?」→「体調を安定させて旅行に行きたいから」。すなわち、「服薬管理の潜在的ニーズは旅行に行きたい」かもしれないということです。

　実際には、チームでおこなうのが適切です。自分がアセスメントした結果から想定される潜在的なニーズを明らかにし、他職種も含めたケアチームで情報共有し、検討し続けることが利用者の自立支援につながるでしょう。

Q19

利用者や家族がサービスを望んでいない場合、どう対応すればよいのでしょうか?

A **相談援助の専門職であるケアマネジャーに相談しましょう。**

　「なぜ、望まれていないのか?」は、当事者間では解決できないことが多いと思います。ですから、ケアマネジャーに事情を伝えるのがベターです。

　また、利用者と家族の希望が異なることも多々あるでしょう。事業所としては、契約者である利用者側に立つことが多いと思いますが、まずはサービス担当者会議を開催してもらい、家族も含めたケアチームで改めて「目的・目標は何なのか?」を再確認し、支援をおこないましょう。

Q20

見守りカメラの設置が増えていますが、
利用者や家族とどのような
ルール決めをすべきでしょうか?

A 設置自体は前向きに捉えつつ、
カスタマーハラスメントに該当するような
場合に備え、事前の説明は必須です。

　利用者が安心して生活できるよう、家族による見守りカメラやセンサーの設置が進んでいます。「監視されているようで抵抗がある」という声も聞かれますが、これからはカメラはあるものとして、サービス提供をおこなうのがよいでしょう。

　事業所内研修でも、見守りカメラがあるのは当然との認識をホームヘルパーに伝えましょう。日々、言葉遣いなど、接遇面には気をつけていると思いますが、一部分を切り取られてトラブルになる場合もあるかもしれないので、不用意な発言はしないようにする必要があります。そのようなリスクも潜んでいますが、基本的には、適切な言葉遣い、適正なサービスの提供が記録されることは歓迎すべきです。

　しかし、ホームヘルパーが着替える場所に設置されていたり、ホームヘルパーの行動を監視するような使い方(サービス中に「しっかり掃除しろ」などと電話をかけてきて、日常生活に必要ない場所の清掃を要求する等)をしたりするのは、盗撮やカスタマーハラスメントに該当します。そのため、契約時に**資料20**のような文書を用意し、十分に説明しましょう。111～112ページの**資料48-2、3**と併せて、ハラスメント対策のお願いのひとつとして伝えるのがおすすめです。

　なお、見守りカメラによるトラブルが起きた際は、事業所や組織として対応し、必要に応じて弁護士などの専門家に相談しましょう。

訪問介護の困りごとQ&A　　56

第2章　契約からサービス開始に向けて

資料20　見守りカメラやセンサーについて

訪問介護の適正なご利用のために

見守りカメラやセンサーの設置は歓迎しますが、設置場所や使い方には、ご配慮、ご注意をお願いいたします。

　当事業所では、**すべてのホームヘルパー**に対し、定期的に適切な研修等を実施して、**プライバシーの保護、虐待防止、接遇の向上に努めて**います。

　最近では見守りカメラやセンサーを設置されているご家庭も増えていますが、私たちはカメラやセンサーの有無にかかわらず、**同じ質のサービスを提供**しています。設置を検討されているようでしたら、サービスの見える化の観点からも、遠慮なく設置していただければと思っています。

設置の際のお願いとしまして、

- **ホームヘルパーを目的としての盗撮**
- **オンタイムでの注文や指示出し**

などは、カスタマーハラスメント等に該当する場合がありますので、ご注意ください。

　トラブルが起きた際は、必要に応じて**弁護士などの専門家に相談する**こともあります。併せてご理解をお願いいたします。

Q21

利用者に合ったホームヘルパーをどう選べばよいのでしょうか?

A 合う・合わないはTPOで変わります。
まずは、保有資格や移動手段などから
適したホームヘルパーを調整しましょう。

一般的には、コミュニケーション能力の高いホームヘルパーが好まれる傾向にありますが、そういう人に全員を担当してもらうわけにはいかないので、利用者の要介護度やサービス内容から考えるのがよいのではないでしょうか。

例えば、「高い介護技術が必要とされ、報酬も高い身体介護は介護福祉士に担当してもらう」「生活援助は初任者研修修了者に担当してもらう」などが考えられます。

また、「駐車場の有無や移動距離等の条件が合致する人」「希望する給与に対して、現状の業務量が少ない人」も選択肢になるかと思います。

事業所の人員体制にもよると思いますが、週に2回以上訪問する利用者については、複数のホームヘルパーが関わるようにしましょう。誰が担当しても、同じ質のサービスが提供できるよう、研修等で情報共有することが必要です。BCP（業務継続計画）の観点からも、非常時にどのホームヘルパーが訪問しても対応できる体制が理想です。

男性が担当する場合は利用者に説明を

同性介護を基本としていても、人員のバランスによって、異性介護になるケースも多いと思います。また、「ホームヘルパー＝女性」と思い込んでいる利用者も多いため、当法人では、以下のように説明しています。

● **男性利用者を男性ホームヘルパーが担当**
「当事業所は多数の男性ホームヘルパーが在籍しています。基本的に同性介護をおこなっていますのでご理解ください」

● **女性利用者を男性ホームヘルパーが担当**
「当事業所は多数の男性ホームヘルパーが在籍しています。男性の活躍の場も増やしたく、よろしければ、ご協力いただけないでしょうか。どのホームヘルパーも計画に基づき適切なサービスを提供しており、他のご利用者様からも好評です」

> 実際には、直接利用者に交渉するより、ケアマネジャーにアピールすることが多いです。男性ホームヘルパーの必要性を伝えながら営業しています。

第2章　　契約からサービス開始に向けて

Q22

初回のサービス担当者会議で
「訪問介護職に求められていること」や
「何を確認すればよいのか」を教えてください。

A **訪問介護に関わる箇所だけでなく、ケアプラン全体に目を通して把握しましょう。緊急時に備えた確認等も、ケアチームが揃う場でおこなっておくと安心です。**

　初回のサービス担当者会議では、一番の目的は、ケアプランをもとに利用者と家族を含めたケアチームで話し合うことです。当然ですが、ケアプランをしっかり確認しましょう。第1表では、【利用者及び家族の生活に対する意向を踏まえた課題分析の結果】【総合的な援助の方針】を、第2表では、【訪問介護に該当する、生活全般の解決すべき課題、目標（期間も含む）、援助内容（サービス内容、頻度など）】は必須です。

　加えて、記載されているすべての課題に目を通し、「実際の生活における課題になっているのか」「新たな課題は出てきていないか」「一番身近な専門職として、利用者の生活の幅を広げるにはどうすればよいか」を積極的に確認し、発言しましょう。60〜61ページに確認箇所と考え方例を紹介しているので参考にしてください。

　また、緊急時の対応方法と連絡先、災害時の備えなども確認しておくことをおすすめします。この後の訪問介護計画書の作成に備え、ホームヘルパーの入室口や荷物の置き場所、動線、入ってはいけない部屋や場所等も確認しておきましょう。

サービス担当者会議を事業所の方針や訪問介護の役割を発信する機会として活用

　12ページでも触れた通り、サービス担当者会議は、利用者ならびにケアチームとコミュニケーションを図れる絶好の機会です。「ホームヘルパーができないこと」だけでなく、他にも事業所として伝えたいことを積極的に発信していきましょう。

ケアプランの確認箇所と考え方例

【第1表の必須確認箇所】
- 利用者及び家族の生活に対する意向を踏まえた課題分析の結果
- 総合的な援助の方針

ケアプラン／居宅サービス計画書 第1表

⟨初回⟩ ・ 紹介 ・ 継続　　⟨認定済⟩ ・ 申請中

利用者名	U様	生年月日	昭和33年1月29日	住所	○○○○○

居宅サービス計画作成者氏名		居宅介護支援事業者・事業所名及び所在地	○○
○○			○○○○○

居宅サービス計画作成（変更）日	令和5年1月16日	初回居宅サービス計画作成日	令和5年1月16日
認定日	令和5年1月5日	認定の有効期間	令和5年1月28日〜令和5年7月31日

要介護状態区分	⟨要介護1⟩ ・ 要介護2 ・ 要介護3 ・ 要介護4 ・ 要介護5
利用者及び家族の生活に対する意向を踏まえた課題分析の結果	本人：介護保険サービスに移行するが、これまで通り支援を受けながら自宅で暮らし続けたい。 妻：在宅生活を続けたいという本人の希望をかなえるため、夫を支えていきたい。今すぐ利用するつもりはないが、不測の事態に備えて、ショートステイも検討したい。
介護認定審査会の意見及びサービスの種類の指定	特に記載なし
総合的な援助の方針	訪問看護と訪問リハビリ、訪問介護サービスを利用しながら、日常生活を支援していく。 特に、下半身の感覚障害により褥瘡のリスクが高いため、身体機能の維持やスキンケア、入浴による清潔の保持などを重視し、在宅生活を支えていく。
生活援助中心型の算定理由	1.一人暮らし　2.家族が障害・疾病等　3.その他（　　　　　　　　　）

　ご本人も奥様も「今の生活を続けたい」との思いが強い様子。奥様の「夫を支えていきたい」との気持ちが心理的、身体的負担につながらないよう観察する必要がある。
　2人で楽しめる「何か」があれば支援しやすいかと思う。サービスを通して、「何か」を探っていきたい。

　訪問看護や訪問リハなど、医療職との情報の共有が必要。今回は褥瘡予防が課題となっているため、チームケアの中で、具体的にどのような支援を訪問介護職に求めているのかを確認する必要がある。緊急時の連絡先の確認も必要。

第2章	契約からサービス開始に向けて

【第2表の必須確認箇所】

●訪問介護に該当する、生活全般の解決すべき課題、
目標（期間も含む）、援助内容（サービス内容、頻度など）

ケアプラン／**居宅サービス計画書** 第2表

生活全般の解決すべき課題	目標				援助内容			
	長期目標		短期目標		サービス内容	サービス種別／事業所	保険給付対象	頻度
	期間 令和5年1月28日〜5年7月31日		期間 令和5年1月28日〜5年7月31日		期間 令和5年1月28日〜5年7月31日			
体を思うように動かせない部分があり、自力での入浴が難しい。	清潔な状態を保持しながら、快適に生活できる。		洗いづらいところはホームヘルパーの介助を受けてさっぱりする。		・入浴における一連の動作の見守りや介助 ・衣類の着脱介助 ・皮膚の観察、保湿の支援 ・排泄介助 ・移動、移乗介助 ・自立支援	訪問介護／〇〇ステーション	○	週3回
疾患の影響で排便機能障害があり、褥瘡もできやすい。	褥瘡の悪化を予防し、完治の状態に到達できる。		定期的に好発部位を確認し、早めに処置を受けられる。		・褥瘡の処置 ・体調観察、健康相談 ・本人や家族への助言、指導	訪問看護／△△看護ステーション	○	週1回
	定期的な排便の習慣を身につける。		浣腸や腹部マッサージを受けて、排便できる。		・排便コントロール(浣腸、腹部マッサージなど) ・体調観察、健康相談 ・本人や家族への助言、指導	訪問看護／△△看護ステーション	○	週1回
足指やアキレス腱の切断なども背景にあり、身体機能が低下しやすい。	現状の身体機能を維持し、自分でできることを続けていく。		体を動かしたり、ほぐしたりする時間を定期的に確保する。		・関節可動域訓練 ・体幹強化訓練 ・筋力訓練 ・ストレッチ	訪問リハビリ／□□ケアハウス	○	週1回
急性大動脈解離脊髄梗塞の再発を防ぎたい。	疾患の再発を予防し、在宅生活を続ける。		定期的に診察を受け、体調管理に努める。		・診察、健康相談 ・薬の処方	医療機関／××病院		月1回

第2表　全体から考えられること

　リハビリ職と共同で支援できることはないか？「浴室までの移動に関するリハビリ」「自分で洗身するためのリハビリ」「浴槽をまたぐ動作のリハビリ」など、生活機能に関するリハビリを専門職にお願いし、実際に自宅で役立てる、という視点が大事になりそう。生活機能向上連携加算も算定できるかもしれない。

　褥瘡予防として、安全に入浴をして清潔に保つことが最優先課題になっている。基本的に見守りを中心に支援し、できることの継続を目指す。

　「浴槽に入るのか？　シャワー浴なのか？」をご本人に確認する必要がある。

　下半身の感覚麻痺の程度により、またぐ動作がどの程度可能なのかをリハビリ職に確認する必要がある。

Q23 ケアプランが利用者に適していない場合、どうすればよいのでしょうか？

**A　ケアプランはケアマネジャーにより十人十色です。
まずは総合的な援助の方針を確認し、
他のサービス提供責任者にも意見を求めましょう。**

　Q22の回答と共通しますが、気になる点があればサービス担当者会議の場で、積極的に確認するのが一番スムーズでしょう。しかし、実際にはなかなか難しいことも理解できます。

　その場合、一度持ち帰り、他のサービス提供責任者にも確認してもらうなど、視点を変えて検討しましょう。もしかしたら自分では「適していない」と感じた箇所も、他の人が見れば「こういう理由があるのでは？」「こういう意図が含まれているのでは？」など、納得できる意見をもらえるかもしれません。

　それでもやはり疑問の解消に至らなければ、事業所の複数人で検討したことを伝えつつ、そのケアマネジャーに率直に提案すべきだと思います。一番大切なのは、利用者にとって最適で効果的なサービスを提供することです。介護保険法の目的「尊厳を保持し、その有する能力に応じ自立した日常生活を営むことができる」に立ち返り、やるべきことに取り組みましょう。

　仕事の依頼の多くはケアマネジャーからあるかもしれませんが、訪問介護職は下請けではありません。チームケアを担う専門職に上下関係はなく、それぞれの専門性において対等です。
　直接支援の専門職として、相談援助の専門職であるケアマネジャーとは違う視点での提案も当然あると思います。遠慮せずに、どんどん提案しましょう。

第2章　契約からサービス開始に向けて

Q24

わかりやすい訪問介護計画書を作成するには、どうすればよいのでしょうか？

Ⓐ 誰もが理解しやすい表現で「目標」を定めることが重要です。

本題に入る前に、訪問介護計画書の作成について改めて考えてみましょう。「大変」「面倒」など、ネガティブな印象を持つ人も多いようですが、考え方次第でその印象が変わるかもしれません。

訪問介護計画書は、作成のしがいがあり、サービス提供責任者の腕の見せどころ

「介助をするのは好きだけど、書類の作成は苦手」といった声がよく聞かれます。その気持ちも理解できますが、訪問介護計画書とは、

介護の専門職として「お1人おひとりに向き合い、個別の計画を立ててケアを実施、評価する」という、自立支援に基づくサービスの目的・目標を示したもの

です。作成した計画によって、「利用者が元気になったり、希望する在宅での生活を送れたりする」と考えたら、とてもやりがいがあると思いませんか？

ケアマネジャーに対して、提案できるツールのひとつ

調整役であり、相談援助の専門職であるケアマネジャーに対して、「しっかりアセスメントして、このような計画を作成しました。利用者が意欲を持って取り組めるようバックアップをお願いしたいです」といった提案ができるのが訪問介護計画書です。

また、せっかくケアマネジャーが生活課題を明らかにしても、実行部隊のホームヘルパーがいいかげんなサービスを提供していたら、利用者の自立した在宅生活は継続できないでしょう。

訪問介護計画書の作成は
サービス提供責任者にしかできない

「管理者（所長）が作成してもよいのでは?」と思っている人もいるようですが、それは違います。最終的な責任はもちろん管理者（所長）にありますが、基本的に訪問介護はサービス提供責任者が主体となって運営されることになっています。

利用者それぞれの計画は、支援をおこなうケアチームにおいて、その専門性を発揮するための指針になります。訪問する際は1人でも、各ホームヘルパーが同じ目標を持ってサービスを提供するために大事な計画で、全員が同じ物差しを持つことが重要です。

以上のように、訪問介護計画書は、利用者の「その人らしさ」「こうありたい」といったビジョンを反映できる素晴らしいものです。66〜69ページで記載例を紹介しますが、その前に、訪問介護計画書の作成ポイントをみていきましょう。

●訪問介護計画書を作成する前に

訪問介護計画書は、ケアマネジャーが利用者の状態やニーズに沿って作成するケアプランの訪問介護版といえます。訪問介護に特化しますが、**ケアプランとの整合性は必要**で、より具体的な目標、サービス内容を明記する必要があります。

もちろん利用者のニーズに沿って作成するため、**作成時のアセスメント、作成後のモニタリングが必要**です。そして**必ず利用者から同意を得て交付しなければなりません。**

●わかりやすい訪問介護計画書にするには
　誰もが理解できる「目標」を定める

ご存じの通り目標は2種類あり、それぞれのポイントは以下のようになります。

【 長期目標 】
　　ケアプランの長期目標と同じ、または類似する目標で構いません。
【 短期目標 】
　　長期目標を段階的に達成するために設定する「詳細で具体的な目標」とします。達成度合いが客観的にもわかりやすい「数値化」をおこなえるかが鍵です。実際には、初回の計画書では難しいことが多いかもしれませんが、アセスメントを繰り返して、具体的な目標を設定するようにします。
　　　　　　　↓
Q25で具体例を紹介しています。そちらも参考にしてください。

訪問介護の困りごとQ&A　　64

第2章　契約からサービス開始に向けて

なお、目標期間はそれぞれ独自に設定しても構いませんが、認定情報やケアプランの長期・短期目標期間との整合性を踏まえて検討してください。

●訪問介護計画書は必要に応じて "変更" を繰り返す

一度作成して終わりというものではなく、様々な状況に合わせて変更する必要があります。例えば、以下のようなケースが挙げられます。

①ケアプランの更新時
※介護保険の認定有効期間の更新およびケアプランにて設定された見直し時期。

②サービス内容の変更時、サービス提供時間の変更時（短縮・延長）

理想としては、依頼を受けてから、アセスメントや訪問介護計画書の作成にしっかりと時間をかけられればよいのですが、サービス担当者会議後、すぐにサービス開始となるケースもあります。その場合、アセスメントを十分に実施できず、ケアマネジャーからの情報を頼りに計画を立てているのが実状ではないでしょうか。

だからこそ、変更が重要になります。初回では難しくても、変更時にはできるだけ具体的な目標を数値化して記すことを目指しましょう。

訪問介護計画書は必ずケアマネジャーに提出する？

提出義務はありませんが、求められることがほとんどです。チームケアの観点からいっても、アセスメントした結果から立案、作成し、利用者の同意を得た訪問介護計画書を積極的に提出して、連携を高めましょう。

資料24-1　訪問介護計画書と記載例①

訪問介護計画書はケアプランに沿って作成する必要があるため、ケアプランとともに紹介します。

ケアプラン／居宅サービス計画書 第1表

初回　・　紹介　・　(継続)　　(認定済)　・　申請中

利用者名	J様	生年月日	昭和27年4月17日	住所	○○○○○
居宅サービス計画作成者氏名		居宅介護支援事業者・事業所名及び所在地	△△中央居宅		
△△△△			○○○○○		

居宅サービス計画作成（変更）日	令和5年6月1日	初回居宅サービス計画作成日	平成30年6月15日
認定日	令和5年5月30日	認定の有効期間	令和5年6月1日～令和6年5月31日

要介護状態区分	(要介護1)　・　要介護2　・　要介護3　・　要介護4　・　要介護5
利用者及び家族の生活に対する意向を踏まえた課題分析の結果	本人：はっきりとした言葉は聞かれないが、住み慣れた自宅にいたいという気持ちが強い様子。 家族（妹）：自分の気持ちを伝えないので、周囲の皆さんに声かけをしていただけるとうれしい。これからも元気な状態を維持し、家に閉じこもらず生き生きと過ごしてほしい。介護者である自分も歳を重ねていくので、今後が心配。できれば最期も自宅で看取りたい。
介護認定審査会の意見及びサービスの種類の指定	特になし
総合的な援助の方針	平成25年から運動ニューロン疾患のため通院治療していた。平成28年の熊本地震をきっかけに引きこもりがちになる。 現在、医療保険でデイケア（病院）と訪問看護、介護保険で訪問介護と通所介護を利用中。 今後、ショートステイの利用も視野に入れていく。
生活援助中心型の算定理由	(1.一人暮らし)　2.家族が障害・疾病等　3.その他（　　　　　　　　　　　）

ケアプラン／居宅サービス計画書 第2表

生活全般の解決すべき課題	目標		援助内容			
	長期目標	短期目標	サービス内容	サービス種別／事業所	保険給付対象	頻度
	期間 令和5年6月1日～6年5月31日	期間 令和5年12月1日～6年5月31日	期間 令和5年12月1日～6年5月31日			
病状の悪化を防ぎ、安心して自宅で過ごしたい	体の健康を保ち、精神的にも安定した毎日を送る	定期的な受診や服薬管理をおこなう	・診察、服薬調整、日常生活の助言	かかりつけ医／□□病院		月1回
		体調の変化に応じて、適切な対応を受けられる	・健康状態や精神状態の把握、入浴支援	デイケア（病院）／□□病院		週3回
			・体調確認、バイタル測定、水分補給、入浴支援	通所介護／●●デイサービス	○	週1回
			・体調確認、バイタル測定、水分補給、入浴支援	短期入所生活介護／□□病院△△堂	○	必要時
散歩する体力を維持し、生き生きと生活したい	体力づくりや、他者との交流を楽しむことができる	家に閉じこもらず、定期的に外出の機会を持つ	・散歩、精神療法の提供（カードゲームなど）	訪問看護／□□病院		週1回
			・他者との交流、精神療法の提供（趣味活動・レクリエーションなど）	デイケア（病院）／□□病院		週3回
			・本人の状態や生活環境に応じた個別機能訓練	通所介護／●●デイサービス	○	週1回
			・他者との交流、精神療法の提供（趣味活動・レクリエーションなど）	短期入所生活介護／□□病院△△堂	○	必要時
自分では難しい家事を手伝ってほしい	清潔な室内で快適に過ごす	ホームヘルパーの支援を受けながら、一緒に掃除などをおこなう	・本人や家族が実施できない家事の支援(掃除や洗濯など)	訪問介護／○○○ヘルパー事業所	○	週1回

訪問介護の困りごとQ&A　66

第2章　契約からサービス開始に向けて

訪問介護計画書

利用者名	J 様	生年月日	昭和27年4月17日	記入者	○○○○

意向	本人：はっきりとした言葉は聞かれないが、住み慣れた自宅にいたいという気持ちが強い様子。 家族（妹）：自分の気持ちを伝えないので、周囲の皆さんに声かけをしていただけるとうれしい。これからも元気な状態を維持し、家に閉じこもらず生き生きと過ごしてほしい。介護者である自分も歳を重ねていくので、今後が心配。できれば最期も自宅で看取りたい。

長期目標	・清潔な居室環境を維持する。 ・自分でできる家事を増やす。 ・ホームヘルパーとのコミュニケーションを楽しむ。	短期目標	・週1回、ホームヘルパーと一緒に（見守りを受けながら）、掃除や洗濯をおこなうことができる（20分程度が目安）。

	支援内容	実施曜日	内容・留意点	所要時間
観察	健康チェック	月	・体重や体温を測定する。 ・顔色や声かけへの反応などから、体調を観察する。	5分
	相談・助言	必要時	・本人あるいは妹から相談があった場合は迅速に対応し、必要時は関係機関と連携を図る。	
身体介護	自立生活支援・重度化防止のための見守り的援助	月	・一緒に掃除や洗濯（干す・たたむ）、ベッドメイクなどをすることで自立支援を促すと共に、転倒予防のための見守りをおこなう。 ・トイレへの声かけや、水分摂取量の確認をおこなう。また、安全への配慮や疲労の確認も実施する。	20分
生活援助	掃除	月	・居室や台所の掃除機がけ、拭き掃除、トイレ掃除、風呂掃除。	20分
	洗濯	月	・衣類などの洗濯や取り込み（必要時）。	
その他	記録	月	・介護記録アプリを用いてサービス内容やJさんの様子を記録する。	5分

注意点	・近所に住む妹の支援を受けながら生活している（週3回ほど訪問しているとのこと）。 　　緊急連絡先⇒○○様（妹）：○○○-○○○○ ・現在のJさんは活動性に乏しく、他者との交流に積極的でない。無理のない範囲で、ホームヘルパーから能動的にコミュニケーションを図りたい。

訪問介護の週間予定表	時間	月	火	水	木	金	土	日
	15：00〜15：50	●						
（その他）		（デイケア）（訪問看護）（デイケア）（デイケア）（通所介護）						

67　訪問介護の困りごとQ&A

資料24-2　訪問介護計画書と記載例②

訪問介護計画書はケアプランに沿って作成する必要があるため、ケアプランとともに紹介します。

ケアプラン／居宅サービス計画書 第1表

〔初回〕・　紹介　・　継続　　〔認定済〕・　申請中

利用者名	K様	生年月日	昭和22年1月7日	住所	○○○○○
居宅サービス計画作成者氏名 △△△△		居宅介護支援事業者・事業所名及び所在地	△△中央居宅 ○○○○○		
居宅サービス計画作成（変更）日		令和6年2月20日	初回居宅サービス計画作成日		令和6年2月20日
認定日	令和6年2月10日	認定の有効期間	令和6年2月10日～令和7年1月31日		

要介護状態区分	要介護1　・　〔要介護2〕・　要介護3　・　要介護4　・　要介護5
利用者及び家族の生活に対する意向を踏まえた課題分析の結果	本人：退院したら、自宅でゆっくりしながらリハビリテーションに励みたい。腰痛と肋間神経痛がつらく、なかなか家のことができないと思うので手伝ってほしい。 課題：疼痛コントロールをしながら家事や入浴支援による介入が必要。
介護認定審査会の意見及びサービスの種類の指定	特になし
総合的な援助の方針	第12胸椎圧迫骨折のため手術・リハビリテーションを経て退院し、自宅で独居生活を送る。今後もリハビリテーションを継続することで自宅での転倒を予防し、体力が維持できるよう支援する。また、掃除、調理、入浴、買い物などはホームヘルパーによる支援をおこない、負担を軽減する。
生活援助中心型の算定理由	1.一人暮らし　2.家族が障害・疾病等　3.その他（　　　　　　　　　　　）

ケアプラン／居宅サービス計画書 第2表

生活全般の解決すべき課題	目標		援助内容			
	長期目標 期間 令和6年2月10日～7年1月31日	短期目標 期間 令和6年2月10日～6年7月31日	サービス内容 期間 令和6年2月10日～6年7月31日	サービス種別／事業所	保険給付対象	頻度
定期的な医学的管理を受けて、つらい症状を和らげたい	健康状態を維持・改善しながら、自宅での生活を続ける	体調に不安があるとき、すぐ周囲に相談・対応できる	・定期診療、症状の観察、検査、処方	かかりつけ医／□□大学病院		月1回
			・受診時の乗降介助	訪問介護／□□サポート	○	受診時
			・バイタル測定、体調確認、定期的な体重計測	通所介護／スマイル△△	○	週1回
				訪問介護／●●ケア	○	週3回
退院後もリハビリテーションを続け、体力を維持したい	買い物などの外出を楽しめるようになる	日々の生活にリハビリテーションを取り入れる	・住環境に合わせたリハビリテーション、起居動作の確認、ストレッチ	通所介護／スマイル△△	○	週1回
		福祉用具を活用して動作をスムーズにする	・トイレ、ベッド横の手すりレンタル	福祉用具貸与／◎◎介護	○	随時
できることを継続しながら、無理のない範囲で自立した生活を送りたい	身体の状況に応じて、できる範囲で家事をおこなう	難しい家事動作については支援を受け、痛みの悪化を防ぐ	・掃除、調理などの家事支援 ・共におこなう家事 ・買い物代行（週1回）	訪問介護／●●ケア	○	週3回
転倒せず定期的に入浴し、気持ちよく過ごしたい	介助者のいる環境で、転倒の不安なく入浴できる	見守りや支援を受けて、清潔な状態を保つ	・入浴支援、動作確認や見守り、皮膚状態の確認、必要に応じた軟膏の塗布など	通所介護／スマイル△△	○	週1回
				訪問介護／●●ケア	○	週2回
他者と交流し、楽しみのある生活をしたい	外出、あるいは訪問支援を受けて、コミュニケーションを図る	生活の中で、少しでも楽しみの時間を持つ	・他利用者やスタッフとの交流、レクリエーション・作業活動への参加など	通所介護／スマイル△△	○	週1回
				訪問介護／●●ケア	○	週3回

訪問介護の困りごとQ&A　68

第2章　契約からサービス開始に向けて

訪問介護計画書

利用者名	K様	生年月日	昭和22年1月7日	記入者	○○○○

意向	本人：夫がいない中、痛みを抱えながらの生活に不安を感じている。特に入浴が心配なので、支援を受けたい。 長男：週末にはできるだけ母のもとを訪れているが、一人の時間が長いため心配。

長期目標	・体調の悪化や転倒を予防しながら、穏やかに自宅での生活を送る。	短期目標	・体調に合わせて、自宅で週2回スムーズに入浴できる。 ・ホームヘルパーと共に10分程度、掃除や冷蔵庫の整理などをおこなう。

	支援内容	実施曜日	内容・留意点	所要時間
観察	健康チェック	月・木・土	体温・血圧の測定、声かけや顔色などから体調を観察。	5分
	相談・助言	月・木・土	迅速に対応し、必要時は関係機関と連携して課題に取り組む。	
身体介護	自立生活支援・重度化防止のための見守り的援助	月・木・土	本人と一緒に献立を考えたり、腰の負担が少ない家事を共におこなったりする。	
	入浴支援	月・土	本人の体調に合わせて見守りなどをおこない、難しい箇所の洗身などを支援する。	30分
生活援助	掃除	月・木・土	掃除機がけ、拭き掃除、トイレ掃除、風呂・洗面台の掃除。	25〜50分
	調理	月・木・土	本人の希望する食事を作る、片づける。	
	買い物代行	木	本人の希望に合わせて、買い物を代行する。	40分
その他	記録	月・木・土	その日の変化、気づいたことなどを積極的に記録する。	5分

注意点	・腰痛の状態は日によって変化が大きいが、筋力や体力の低下に伴い、転倒リスクはかなり高い状態。訪問時、移動や入浴の際に注意するだけでなく、環境整備の側面からもできることをおこなう。 ・屈む動きができないため、掃除や洗髪など、腰への負担が大きい動作を中心に支援する。 ・自宅での生活を希望する一方で、夫の施設入所により孤独感も抱えている。ホームヘルパーから積極的に話しかけ、コミュニケーションを図りたい。

訪問介護の週間予定表	時間	月	火	水	木	金	土	日
	11：00〜12：30	●						
	11：15〜12：30				●			
	14：00〜15：30						●	
（その他）					（通所介護）			

Q25

訪問介護計画書の目標と達成期間の設定をどうすればよいか毎回悩みます。ポイントはありますか？

A まずはケアプランに記載されている目標とサービス内容、期間を参考に設定しましょう。目標は「数値化」が鍵になります。

「訪問介護計画は、既に居宅サービス計画が作成されている場合は、当該計画の内容に沿って作成しなければならない」と定められています。したがって、ケアプランに記載されている長期目標と短期目標、サービス内容と期間を参考にします。

長期目標は目指す姿、短期目標は目指す姿に向かって、段階的に取り組める内容を設定します。決まりはありませんが、短期目標は達成感を得られるような細分化した計画が望ましいでしょう。もちろん、長期目標をより具体的に見立てて、実効性のある内容にすることもできます。

どちらにしても利用者が計画の主体ですので、**利用者や家族とも話し合って決めることが大切**です。そして繰り返しになりますが、目標は誰もが理解できる内容で、基準となる時間や数を目標に掲げ、できるだけ数値化に努めましょう。

「数値化」を意識した目標の例

- ホームヘルパーと一緒に**15分以上**、調理をする。
- **2カ所**の掃除は手順を決めて取り組む。
- 洗濯物を畳む。タオル**5枚以上**は取り組む。

介護度が高い利用者であっても、以下のような目標が設定できます。

- ホームヘルパーと**5分以上**は近況を話すなど、コミュニケーションを図る。
- ホームヘルパーの訪問時に**100mL以上**の水分補給をおこなう。

訪問介護の困りごとQ＆A 70

第3章

ホームヘルパーの育成、指導、研修

> 基本1対1でサービスを提供する訪問介護では、
> 在宅ケアの最前線で働くホームヘルパーへの指導、
> そして研修をしっかりおこない、育成していくことが不可欠です。
> 多様化、複雑化する社会、高度化するニーズに対応して、
> サービス提供責任者も自己研鑽に努める必要があります。
> 時代の変化に遅れることなく、
> 常に前を向いて前進するチームづくりを目指しましょう。

Q26

年上のホームヘルパーに注意等が必要な場合、伝え方が難しいです。

A 事業所として、常に質の向上に取り組んでいる姿勢を示しましょう。

　他者の考えを変えるのは非常に難しいため、まずは事業所としての考えや姿勢をしっかり伝えることが重要です。研修や懇談会など、複数のホームヘルパーが集まる機会を利用して、事業所の方針やルールなどを繰り返し共有し、「チームとして働いていること」を理解してもらいましょう。

　個別で注意する際は、電話やメールでは伝わらないことも多いため、できるだけ対面で話し合いましょう。場合によっては管理者に同席してもらうなど、複数人で対応した方が効果的です。

Q27

高齢のホームヘルパーに、士気を高めて働いてもらうには何をすればよいのでしょうか？

A ホームヘルパーが自身の存在意義を実感できる声かけや取り組みに注力しましょう。

　少子高齢化により、様々な業種で担い手不足が深刻な課題となっています。今現在働いている人が長く働き続けられる環境を整えることも、事業継続のために重要です。

　例えば、利用者から届いた「いつも○○さんが来てくれるので、とても助かっている」などの声は当然として、「事業所としても大変心強いです。引き続き取り組んでもらえたらうれしいです」といった自信につながる言葉をしっかり伝えることが大事です。また、誕生日プレゼントを贈る、記念日は特別休暇を取ってもらう、といった取り組みもおすすめです。自身の存在意義を実感できれば、よりよいパフォーマンスにつながります。

訪問介護の困りごとQ&A

第3章　ホームヘルパーの育成、指導、研修

Q28
新卒社員などの新人への教育は
何に気をつければよいのでしょうか？

A 「新人だからわかることもある」という視点を大事にしましょう。

なかなか新人が入ってきてくれない現状がある介護業界において、貴重な人材ですから、**新人でも存在感が発揮できるような取り組み**をしていきましょう。

新人ということは、介護業界外の一般の人に近いので、逆にこちらが学ぶことも多いと思います。そのような意識でコミュニケーションを図り、お互いに成長できる関係を構築しましょう。

例えば、「契約時の説明を聞いてもらう」「介護保険の仕組みについて理解してもらう」等を実施し、わからない言葉や理解できない内容があれば、包み隠さず伝えてもらいましょう。介護業界に長くいると当たり前になってしまっていることが、もしかすると利用者や家族にとっても理解しづらいことかもしれません。新人の視点を活かして、契約時の説明に補足を加えたり、わかりやすい資料を作成したりすることで、利用者や家族からの信頼が深まり、事業所運営にプラスに働くかもしれません。

また、キャリアパスの仕組みづくりも重要だと考えます。最近は介護人材確保の目指す姿として「山脈型キャリアモデル」が提唱されています。それぞれの意向やライフステージに応じたキャリア形成をおこなっていくことが、人材の育成・定着に有効と考えられています。

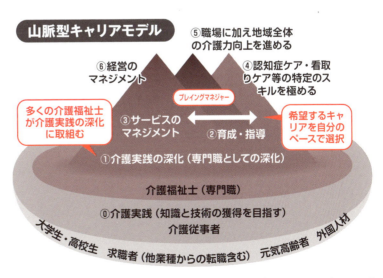

出典：厚生労働省「山脈型キャリアモデルについて」

Q29
事業所（訪問介護）のルールを守らない ホームヘルパーへの対応に困っています。

A 訪問介護は様々なルールのもとで成り立っています。 そのルール内でサービスを提供することが求められている、 という認識を事業所内に根づかせましょう。

厳しく聞こえるかもしれませんが、ルールを守れないホームヘルパーは結果的に利用者のためになりません。第三者の目が届きにくい環境で働くには、高い倫理観が必要です。併せて、様々な視点で考え、チームで支援することが求められます。それらが守られないと以下のような問題が発生します。

〈 ルールを守らないことによって起きる問題 〉

●短期的には利用者の希望を叶えたとしても、長期的には利用者の能力を奪ってしまう。

●事故やクレームにつながる恐れがある。

●他のホームヘルパーのサービス内容と整合性が取れず、チームケアが成り立たない。

　つまり、ルールを守らない人がいると、**事業所全体を巻き込んでしまう**ということです。

〈 ルールを守らないホームヘルパーを未然に防ぐために 〉

●**研修などの時間を使い、ルールを守る重要性を定期的に伝える**

　チームの一員として、ルールを守らないと、利用者や家族だけでなく、他のホームヘルパーにも迷惑がかかることを理解してもらいましょう。第1章で紹介した「ホームヘルパーができないこと」（**資料2**）を活用するのもおすすめです。

●**「特別」よりも「ルールを守る」人を評価する**

　ルールを守らない人は、自分の考えに自信があったり、思い込みや自己満足感が強い傾向にあったりします。そういう人の場合、過剰なサービスをしがちで、利用者から感謝されることもありますが、それは "ルール違反" です。ルール内で適切に支援した人を正しく評価する、そんな姿勢を事業所として徹底しましょう。

訪問介護の困りごとQ&A　　**74**

第3章 | ホームヘルパーの育成、指導、研修

Q30

毎日忙しく、研修以外に教える時間が取れません。何かよい方法はありませんか?

A デジタルの力を借りて省力化しましょう。

　近年、介護業界においてもICT化が進んでいますが、訪問介護の仕事は、「人対人」でしかできないサービスです。「共感」「感動」などもデジタル化しにくいものです。

　一方で、「知識を得る」「学ぶ」は、オンラインでもある程度達成しやすいでしょう。個々の状況や時間などに影響を受けず、同じクオリティで同じ内容を学べる点でも優れています。介助術などの実技も、動画だと他者の介助を客観的に、繰り返し見ることができます。外部のオンライン講座などを積極的に活用してみてはいかがでしょう。

　Q34の事業所内研修に関する回答も併せて参考にしてください。

Q31

相談や質問されたときのよりよい対応、伝え方を知りたいです。

A 話を聞くことが最も重要な業務ともいえます。きちんと時間を割き、できるだけ聞き手に回りましょう。

　人は、話を聞いてくれた分、話を聞こうとする習性があるといわれています。逆に言えば、話を聞かない上司の話は、部下にはまったく聞かれていない、と言えます。

　ですから、相談や質問を受けたらしっかり向き合いましょう。できるだけ聞き手に回ると、結果的に自分の話も聞いてもらえることにつながります。

　また、基本的なことですが、話しかけづらい雰囲気は損でしかありません。普段の表情や態度にも気を配りましょう。

75　訪問介護の困りごとQ&A

Q32
トラブルを起こした人に指導する際、どのような点に注意すればよいのでしょうか？

A 相手も専門職であることを念頭に置いて、お互いにしっかり向き合いましょう。

まずは話を聞いてみましょう。その際の注意点は、
- 最初からレッテルを貼らない
- 自分も思い込みをしているかもしれない、との自覚を持つ

となります。そのうえで、お互いに専門職であることを踏まえ、目的の共有と再確認、適切な指導をおこないます。

〈 適切な指導とは 〉

ほとんどの場合「正解」はありませんが、**「なぜそうなったのか」**よりも、**「次にどう活かすのか」**を主軸に話を進めるとよいでしょう。とはいえ、「なぜそうなったのか」には、**トラブルを起こした従業員が抱える悩み**が隠れている場合もあります。それを察知したら、まずはその**フォローを優先する**ことをおすすめします。

「多忙すぎる」「利用者とどうしても合わない」など理由は様々だと思います。可能な範囲で対応し、これからも気持ちよく働いてもらえるよう努めましょう。

また、トラブルが起きた際は、「ハインリッヒの法則（※）」をすべてのスタッフ間で共有するなど、トラブルや事故防止に取り組むことを忘れないようにしてください。

※ハインリッヒの法則

アメリカの損害保険会社で働くハーバート・ウィリアム・ハインリッヒが、膨大なデータを分析して発表した法則。「1件は重い災害（死亡や手足の切断等の大事故のみではない）があったとすると、29回の軽傷（応急手当だけですむかすり傷）、300回の傷害のない事故（傷害や物損の可能性があるもの）を起こしている」というもの。300回の無傷害事故の背後には数千の不安全行動や不安全状態があることも指摘している。

- 1件の重大な事故、災害
- 29件の軽微な事故、災害
- 300件のヒヤリ・ハット

（参考：厚生労働省ホームページ）

Q33

よりよい同行訪問にするには、どうすればよいのでしょうか?

A どのタイミングでの同行訪問かによって
ポイントは異なります。それぞれ見ていきましょう。

【初回訪問に同行する場合】

ホームヘルパーのキャリア等にもよりますが、基本はホームヘルパーのサポート役として接します。もちろん困っていたり、助けを求められたりしたら、迅速に対応し、初対面である利用者と担当ホームヘルパーのコミュニケーションづくりにも気を配ります。

サービス終了後(もしくは前)は、利用者宅周辺の環境を説明しましょう。ゴミの集積場所、スーパーや郵便局の場所、周辺の社会資源等を伝達します。

また、非常時を想定して、危険な場所や避難経路なども一緒に確認しましょう。災害はいつ起こるかわからないので、初回に伝えるのが適切です。

【定期的に同行する場合】

サービス内容が計画通りにおこなわれているかどうかのモニタリングとしての役割が主です。短期目標の達成状況、新たな課題はないかなど、利用者の状態確認に注力します。

そのうえで、過不足なくサービスがおこなわれているか、両者のコミュニケーションはとれているか、などを客観的に観察しましょう。

【抜き打ちで同行する場合】

どちらかといえば、担当ホームヘルパーの仕事ぶりを確認することが目的です。契約時に、時折、事前連絡なしでサービス提供責任者が訪問することもある旨を利用者に伝えておきましょう(事前に伝えた方がよい利用者もいるので、その場合は必ず連絡をしてください)。

計画にないサービスをしていないか、自立支援に努めているかを重点的にチェックしましょう。

Q34

事業所内研修に悩みが尽きません。マンネリにならず、参加率が上がる方法はありますか？　資料作成も大変です。

A　事業所の規模や環境によっても異なりますがオンラインや動画の活用など、これまで取り組んでいないことにチャレンジしてみてはどうでしょう。

　日々の業務に加え、事業所内研修の運営も任されると、負担に思う人が多いことは理解できます。必ず実施しなければならない必要研修項目だけでも複数あり、それ以外にも、常勤・非常勤を問わず、各自の資質向上のために必要な目標を定め、研修を実施していることでしょう。「これが正解」という回答は難しいですが、当法人での経験やこれまでに得た情報などをもとに、いくつかの案を紹介します。

①オンラインの動画研修を取り入れる

　費用はかかりますが、介護系のオンライン動画研修を提供している会社が多数あります。当法人は規模が大きいので、以前は同じ研修を何日かに分けて対面で実施していたのですが、その時々で内容やペース配分が少し変わってしまったため、クオリティーの統一を図るため外部のオンライン研修を取り入れました。

　自分の好きなタイミングで視聴できるので、日程の調整や欠席者へのフォロー、資料作成も不要になりました。とはいえ、すべてオンラインにするのではなく、対面研修や実技研修も実施しています。

「聞き流すだけ」にしないために一工夫を

各自に視聴してもらう形式だと、確かに「理解したのか？」「真剣に見たのか？」と不安が生じます。手間かもしれませんが、動画の内容に沿ったミニテストを実施するなど、アウトプットできる環境を整えましょう。

②YouTubeや映画を視聴する

　YouTubeには訪問介護をはじめ、介護や福祉に関する動画が多数アップロードされています。「認知症ケア」や「介助術」といったものだけでなく、何かしら介護に関連する内容ならよいと思います。映画やドラマを観るのもいいのではないでしょうか。当法人では複数人で視聴し、感想を話し合ってもらっています。

　なお、「どういった動画や作品を選べばいいかわからない」という声を聞きますが、たとえイマイチな内容でも、「あのケアはおかしいよね」「認知症の人をバカにしている感じがした」など、意見を交わすことが、よりよいサービスにつながるのではないでしょうか。

③グループワーク等を積極的におこなう

　これも研修担当者に多い悩みですが、担当者が一方的に話すだけの研修だと、「役に立っているのか？」「聞いてくれているのか？」等、不安になりがちです。そこで、全員が主体的に参加できる事例検討やグループワークが有効です。

　きっかけづくりのためにそのテーマについて少しだけ話し、あとは各グループで話し合ってもらえば、担当者の負担も軽くなるうえ、様々な意見を聞くことができ、担当者自身にとっても有意義なものになるのではないでしょうか。

④5〜10分のミニ研修を組み合わせる

　研修＝「楽しい時間」「参加してよかった」と思ってもらえる取り組みが重要です。例えば必要研修項目の研修を終えたら、その後に「肩こり解消法」「地域のおすすめランチ情報」など、お楽しみの要素を組み合わせてみてはどうでしょうか。

⑤ホームヘルパーに講師を依頼

　ありきたりですが、講師をすることが勉強にもなるので、ホームヘルパーに講師を頼んでみてはいかがでしょう。特にベテランの人であれば、様々な現場を経験しており、まさに生きた教科書といえます。講師をすることで存在意義を感じてもらえれば、ホームヘルパーの士気を高めることにもつながります。

⑥ 研修の日程は固定＆早めに連絡

　参加率の低さに悩んでいる事業所も多いでしょう。これまでの経験からすると、「毎月第3水曜日」といったように固定し、できるだけ早めに通知する方が、参加率が高い傾向にあります。

　時間帯は、一般的にサービス提供が少ない夜間が集まりやすいですが、高齢になるにつれ、夜間の外出はリスクが伴い、敬遠する人も増えています。定期的にアンケートを実施して、要望等を把握しましょう。

⑦ 研修後のアンケートはできるだけ選択式に

　次の研修に活かすためのものなので、詳しく聞きたい気持ちはありますが、回答に手間がかかると逆に回答してもらえないことが多いのでバランスが大事です。

　当然ですが、できるだけ選択式にして、記述式は少なくする方が回答しやすいでしょう。とはいえ、記述回答の内容からヒントを得られることが多いので、すべてを選択式にするのはおすすめしません。

興味のあるテーマを聞いて今後の参考に

　熊本県ホームヘルパー協議会の研修後のアンケートでは「ターミナルケア」の評価が高く、「認知症関連」「ハラスメント関連」「介護技術」「困難事例」なども常に要望があります。

　業務に直接関係ないと思われた「コーチング」や「対人関係」に関する研修なども、実施後のアンケートで人気でした。今後のテーマの選定に活かせそうです。

第3章　ホームヘルパーの育成、指導、研修

Q35

「職員に対する心身の健康管理」も重要視されています。メンタルケアとして、どういった取り組みをおこなえばよいのでしょうか？

A　定期的にストレスチェックをおこなうなど、事業所全体で楽しく取り組みましょう。

　2024年度の介護報酬改定で新設された介護職員等処遇改善加算の算定要件のひとつ「職場環境等要件」の区分に、「腰痛を含む心身の健康管理」があります。

- 業務や福利厚生制度、メンタルヘルス等の職員相談窓口の設置等相談体制の充実
- 短時間勤務労働者等も受診可能な健康診断・ストレスチェックや、従業員のための休憩室の設置等健康管理対策の実施
- 介護職員の身体の負担軽減のための介護技術の修得支援、職員に対する腰痛対策の研修、管理者に対する雇用管理改善の研修等の実施
- 事故・トラブルへの対応マニュアル等の作成等の体制の整備

　以上の4点が具体的内容として示されています。
　メンタルヘルス対策は国も重要視しており、厚生労働省では、働く人のメンタルヘルス・ポータルサイト「こころの耳」（https://kokoro.mhlw.go.jp/）や、相談窓口「ストレスチェック制度サポートダイヤル」などを設けています。当ポータルサイト内には「5分でできる職場のストレスセルフチェック」もあり、手軽に利用できます。
　重大な課題だからこそ、できるだけ楽しく、前向きに取り組み、ストレスについて気軽に話したり、相談したりできる職場づくりが大切です。

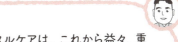

メンタルケアは、これから益々、重要になってきます。まずはストレスから身を守る方法を身につけ、できるだけ溜め込まないようにしましょう。

監修／橋中今日子

ストレスチェックをしてみよう

まずは、あなたのストレスの度合いをチェックしてみましょう。
以下の中で当てはまるものはありませんか?

- ☐ 忘れ物が増えた
- ☐ 約束を忘れがちになっている
- ☐ ダブルブッキングをしてしまうことがある
- ☐ 物をなくすことが増えた
- ☐ 手に持っているものを落とすことが増えた
  （食器を割る、鍵を落とすなど）
- ☐ スマホやパソコンで文字の打ち間違いが増えた
- ☐ 意欲が低下している、やる気が出ない
- ☐ なんだかイライラする
- ☐ まわりの人に対してやさしくなれない
- ☐ 「うれしい」「楽しい」といった感情を感じづらい
- ☐ 怒りの感情を抑えることを心がけている

当てはまるものがある場合、ストレスが溜まっている状態だと考えられます。
ぜひ、意識して休息をとるようにしましょう!

最初に、プライベートに影響が出ます

ストレスで心身が疲れている時、まずは仕事よりもプライベートに支障が出やすくなります。仕事中は気を張っているため、なんとかこなせることが多いのですが、そのかわり、プライベートで家族にあたってしまったり、家事がうまくできなくなったり、何かと"イライラ"することや、"うっかり"することが増えます。そんな時は無理をして頑張るのではなく、自分自身をケアすることが必要です。放置していると、仕事でも重大なミスが起きやすくなりますし、エネルギーが尽きて働き続けられなくなる恐れもあります。早めに対策をとることが大切です。

訪問介護の困りごとQ&A　82

第3章　ホームヘルパーの育成、指導、研修

ストレスから身を守る「メンタルケア」

まず「寝る」こと

睡眠とメンタルは深く関わっています。
心と体を整えるために、睡眠をしっかりとることを心がけましょう。

疲れをとるには「睡眠」が一番

人は睡眠中に細胞の修復を行っています。疲労回復のためには睡眠をしっかりとることが重要です。忙しい働く世代は睡眠が不足しがちですが、睡眠不足は心身に様々な悪影響を及ぼします。理想の睡眠時間は7～8時間。現実的には難しいかもしれませんが、できる範囲で心がけていきましょう。

もし、「寝つきが悪い」「深夜や早朝に目が覚めてしまう」など、睡眠に問題がある場合は医療機関に相談することをおすすめします。適切な治療で改善できるケースはたくさんあります。

睡眠不足になると……

- ストレスを感じやすくなり、メンタルに悪影響が出る
- 免疫力が低下する
- 判断力や集中力など、パフォーマンスが落ちる
（睡眠不足の状態は酩酊状態と同じくらいともいわれる）
- 一度の睡眠不足から回復するのに何日もかかる
- 過食になる

睡眠はまず満たすべき「欲求」でもある

心理学者のマズローによると、人の欲求は右の図のように5段階に分類できるそうです（マズローの欲求5段階説）。そして、これらの欲求を下から順番に満たそうとするとされています。

これによると、睡眠は「生理的欲求」、生きていくために最低限満たさなければならない欲求に属します。家でいう基礎や柱のように、自分を支えてくれる土台となるものです。睡眠がとれておらず、自分の土台が不安定な状態で、「貢献したい」「認められたい」など、より高い段階の欲求を満たそうとしてもうまくはいきません。まずは寝ること。それが何より大事なことなのです。

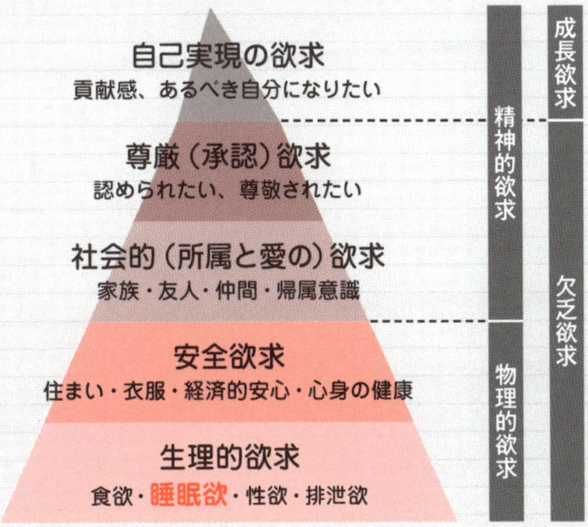

自己実現の欲求
貢献感、あるべき自分になりたい

尊厳（承認）欲求
認められたい、尊敬されたい

社会的（所属と愛の）欲求
家族・友人・仲間・帰属意識

安全欲求
住まい・衣服・経済的安心・心身の健康

生理的欲求
食欲・睡眠欲・性欲・排泄欲

成長欲求
精神的欲求
欠乏欲求
物理的欲求

チェックイン / チェックアウト

ストレスを溜めないためには、休むべき時に休むことが重要です。
ここでは、気持ちの切り替えを上手に行うためのコツを紹介します。

仕事モードの**オン・オフ**を「**行動**」で決める

仕事が終わった後も、仕事のことを考え続けてしまうことはありませんか？　仕事モードから抜けきれないままでいると、心は休まりません。思い切って気持ちを切り替え、休息をとった方が、翌日のパフォーマンスは確実に上がります。

気持ちを切り替えるコツは、仕事モードに入る時・仕事モードを終える時の「行動」を決めておくこと。「行動」をともなうことで、ただ「気持ち」だけを切り替えようとするよりも上手に切り替えられるはずです。ホテルにチェックイン/チェックアウトする時のようなイメージです。

チェックイン

仕事モードをオンにする行動を決めておく

- 仕事着を着る
- カバンを用意する
- 車のエンジンをかける
- 利用者宅のインターホンを押す
など

チェックアウト

仕事モードをオフにする行動を決めておく

- 手を洗う
- 車に戻る
- 玄関のドアを閉める
- 仕事着を脱ぐ　など

チェックアウトする時、自分自身に完了報告をするのも切り替えに有効。

1日の「チェックイン/チェックアウト」の行動を決めておきましょう。

仕事のことが頭から離れない時は？

どうしてもぐるぐると考え続けてしまう時は、紙に書き出してみましょう（A4サイズがおすすめ）。紙に書き出すことで自分の内側にあったものが吐き出され、心の中がスッキリと整理されやすくなります。この時、時間を決めておくことがポイントです。「20分だけ」などと決め、その時間が来たら「はい、終わり」「また明日考えよう」と終了するとよいでしょう。

訪問介護の困りごとQ&A

第3章　ホームヘルパーの育成、指導、研修

自分のための時間を作る

慌ただしい日々の中で、1人になる時間は持てていますか？
少しでもよいので、自分だけのために過ごす時間を確保しましょう。

五感が刺激される小さな行動を取り入れてみよう

ストレス状態から回復するには、1人になり、"自分ファースト"で過ごす時間が必要です。この時、ほんの小さなことでかまわないので、五感が刺激される行動を取り入れてみてください。疲れていると、気づかぬうちに自分の感覚が鈍っていくものです。心地よいものを見る、聴く、嗅ぐ、味わう、触れる……そんな行動で自分の感覚を取り戻していきましょう。

たとえば

自然に触れる、季節の変化を感じる

仕事帰りに好きな場所にちょっと寄り道をしたり、立ち止まって景色を眺めたりする時間を作ってみましょう。移りゆく風景を味わったり、季節の変化を感じたりすることで、五感が刺激されます。

動物に触れる

動物好きの方であれば、動物に触れるのもよいことです。実際に触れなくても、動物の写真や動画を見るだけでも心の癒やしになります。

夕日がきれいだな
タンポポが咲いてるわ
風が気持ちいい

普段使うものは好きなものを選ぶ

好きなものが手元にあるのはうれしいことです。普段自分が使うものは、見た時、触れた時に満足感を味わえるような、自分の好きなものを選んでみましょう。大切なのは、自分の欲求に素直になり、心を満たすこと。自分自身がすり減った状態で利用者をケアし続けるのは難しいことです。誰かをサポートする仕事の人たちこそ、積極的に自分を満たすことをしていきましょう。

これもまた
"自分ファースト"の行動

ほかにも、こんな小さなことも"自分ファースト"の行動になります。普段できていないとしたら、ぜひ実践してみてください。

- 行きたい時にトイレに行く
- 自分のためにお茶やコーヒーを淹れる
- 自分の食べたいものを買ってみる

「共感満足」を増やす

仲間とわかりあえたと感じた時、幸せな気持ちになりますよね。
その体験は、メンタルによい効果をもたらしてくれます。

職場の仲間との間で「わかりあう」体験を

　メンタルによいのは、1人で過ごすことだけではありません。人との関わりの中で「わかりあえた」「協力しあえた」「一緒に取り組めた」という感覚を味わうのもよいことです。これを「共感満足」といいます。

　訪問介護では、利用者との間で共感満足を味わう機会は多いですが、事業所の仲間との機会は少ないかもしれません。ぜひ、仲間と様々な気持ちを分かちあう機会をもちましょう。所属感のある職場の仲間と行えば、互いを理解しあい、応援しあえる、心地よい環境ができていき、そこで働く皆のメンタルによい効果をもたらしてくれるはずです。

たとえば

好きな食べ物や趣味など、話しやすいことからでかまいません。自分について話したり、相手の話を聞いて理解したりする体験を重ねてみましょう。

4つの時間の使い方を意識してみよう

　ストレス解消のコツは、気分をリフレッシュさせること。ポイントは、普段と違う過ごし方をしてみることにあります。時間の使い方は、右図のように4つに分けることができます。この中から「今、自分にとって必要な時間はどれかな」と考え、取り入れてみましょう。たとえば、普段、家でリラックスするのが好きな人は、時には外に出て運動をしてみる。1人で過ごすことが多い人は、誰かと一緒に行動したり、図書館やカフェなど人の気配のある場所に行ったりしてみる。そんな時間が気分転換に有効です。

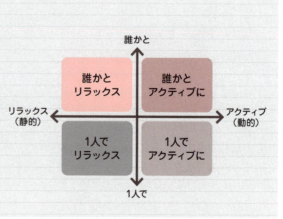

第3章　ホームヘルパーの育成、指導、研修

人間関係でストレスを感じる時は？

日々の訪問の中では、対人ストレスを強く感じる場面もあるでしょう。
そんな時の対処法について一緒に考えてみましょう。

利用者にきついことを言われたり
無理なことを要求されたり
暴力を振るわれたり……
そんな困難なケースは
どのように切り抜けたらいい？

❶ 「淡々と礼儀正しく」を心がける

相手が攻撃的なモードで接してきた時、同じモードで応じてしまうと喧嘩になってしまい、事態はよくなりません。淡々と礼儀正しく接していると、相手もトーンダウンすることが多くあります。

❷ 自分とは切り離して考える

何か不適切なことを言われた時、自分を非難されたように感じてしまいますが、実際はその人自身が大きな不安やもどかしさを感じていて、それが「怒り」となって表れていることがほとんどです。「自分を責めているわけじゃない」と捉え、心を守りましょう。「今はそういうモードなのかな」と考えてみるのもよいでしょう。どうしても心がつらい時は一度チェックアウトしてもかまいません。気持ちを立て直して再度チェックインしましょう。

❸ 相手に「関心」は寄せておく

自分とは切り離しつつも、相手への「関心」は失わないようにしましょう。相手はきつい態度をとることで"何か"を得ようとしているのかもしれません。「この人は今、何を必要としてるんだろう？」と関心を寄せていると、相手も安心してくれることがあります。

本人に直接「今、一番お困りのことはなんですか？」と聞いてみるのもよいですが、困難なケースでは相当な余裕がないと難しいでしょう。まずは、「相手に関心を寄せる」ことから始めてみましょう。

❹ 負の感情は否定せず、認める

たとえば相手に威圧的な態度をとられた時、「怖い」と思うのは当然のことです。また、相手に対して「嫌い」「許せない」などと思うのも仕方がないことです。その負の感情を否定する必要はありません。しかし、感情を認めることと相手にぶつけることは違います。まずは気持ちを認め、その後で「相手が嫌い」から「その言動は嫌い」へと見方を変え、人格と行動を分ける作業をしていきましょう。

訪問介護の困りごとQ&A

❺ 誤解はすぐに解こうとしない

相手が自分のことを誤解している、自分の思いを理解してくれていない……。それはつらく悔しいことです。でも、わかってもらいたくて一生懸命説明しようとすればするほど、かえって関係が悪化することは少なくありません。「今はわかってもらえなくてもいい」と心をラクにして、いつか説明できる時が来るのを待ちましょう。

わかってもらえずつらい時は

まずはつらい気持ちを紙に書き出しましょう。その後「誤解されたままでもいい。なぜなら……」と考え、頭に浮かんだ答えを書き出してみましょう。すると、あなたが頑張ってきたことが出てくるはずです。その上で、「この問題を解決するためにできることは？」と考えてみましょう。

❻ 1人で抱え込まない

明らかに理不尽な要求や暴言、暴力を受けて心身の危険を感じている場合は、自分1人で抱え込まずに、同僚や上司に相談してください。組織全体で対応し、場合によっては弁護士や警察の介入が必要なケースもあります。

自分へのダメ出しはやめよう！

ミスをしたり、うまくいかなかったりした時、「なんでうまくできないんだろう」「自分はダメだ」などと自分にダメ出しをしていませんか？

ダメ出しはパフォーマンスを低下させる行為です。人は誰かにダメ出しされると、頭が真っ白になり、相手の言っていることを理解する力が落ちます。また、「何がよくなかったのか」を考える"エラー検索"の力や、「次回こうすればよくなる」という"未来予測"の力も低下します。これは、自分で自分にダメ出しをした時も同様です。

うまくいかない時は誰にでもあります。冷静に状況を振り返り、問題点や改善点を探っていけばいいのです。もし自分にダメ出しをしてしまったなら、「それでも私はよく頑張ってる」と心に言い聞かせ、セルフハグをしてあげましょう。ダメ出しをしたら、その2倍も3倍も自分をねぎらってあげてほしいと思います。

自分にやさしく触れるのもメンタルによいこと！

> あなたはもう十分によくやっているはずです。
> もっともっと自分自身をねぎらってあげましょう。
> まわりの人だけでなく、
> 自分を大切にすることも忘れないでくださいね。

訪問介護の困りごとQ&A

第4章

サービス提供責任者の職域

> 訪問介護事業の要であり、
> エッセンシャルワーカーの代名詞ともいえる、
> 通称「サ責」は大変ですが、やりがいも一番感じられる職種です。
> ここでは、初心者のサービス提供責任者にもわかりやすい、
> または参考になるようなQ&Aをまとめました。

Q36

相談されることが多く、自分の事務仕事の
時間がなかなか取れず困っています。

A 「相談されること」が最も重要な業務といえます。
相談しやすい環境をつくれていることは前向きに捉え、
デジタルの力などを活用してはいかがでしょう。

　もちろん、訪問介護計画書の作成など、サービス提供責任者にしかできない業務があるのは事実ですが、よりよいサービスにつなげるためには「相談される」環境をつくることが最も重要といえます。

　にもかかわらず、実情は「サービス提供責任者が忙しくて相談できない」という事業所が多いのではないでしょうか。それは訪問介護計画の形骸化を招き、利用者の小さな変化に気づかず、結果的にサービスの質の低下につながります。まずは相談できる環境をつくる、できるだけ記録に残す、次に活かす、を心がけましょう。

　とはいえ、時間に限りがあることも理解できます。そこで、デジタルなどを活用して相談を受けるツールを増やしてみてはいかがでしょう。相談に対応すること自体は変わらないかもしれませんが、「午前は資料作成、午後に相談フォームの確認」など、自分で時間を管理しやすいメリットがあります。一度、試してみてはどうでしょうか。以下に当法人の取り組みを紹介します。

スマホからいつでも、どんなことでも、気軽に相談

　Googleフォームのアンケート機能などを活用して、いつでも、どんなことでも、スマホがあればすぐに相談できる環境を整備しています。「相手の時間を気にしなくていいから連絡しやすい」「思ったときに伝えられて助かる」とホームヘルパー側からも好評です。

訪問介護の困りごとQ&A　　**90**

第4章　サービス提供責任者の職域

Q37

サービス提供責任者になってから、
管理部門の仕事とサービスに入る時間との
バランスのとり方が難しいです。
どうすればうまくやり繰りできますか?

A 現在の業務を「見える化」したうえで、
自分（サービス提供責任者）に求められていることは
何なのか、管理者とよく話し合いましょう。

　時間のやり繰りに関してもマネジメントを求められているのであれば、まずは自分の業務の棚卸（課題の整理）をすることをおすすめします。厚生労働省の「介護分野における生産性向上ポータルサイト」（https://www.mhlw.go.jp/kaigoseisansei/）などを参考に取り組んでみましょう。

　単に「忙しい」とか「大変」というだけでは、人には伝わりにくいものです。業務時間を見える化することで、「事務作業に1カ月当たり約○時間必要だが、業務時間内にこなそうとすると約○時間足りない」「サービスに入るのは月20時間までとしているが、実際は30時間以上入っている」など、具体的な数値を示したうえで、どのようなバランスがよいのかを管理者や上司と話し合うとよいでしょう。

　生産性は、一般的にアウトプット÷インプットで表現されます。インプットには人、物、金、時間、情報、ノウハウなどが該当します。

　介護現場での生産性向上は、サービスの質の向上です。つまり、効果的に人、物、金、時間、情報、ノウハウをインプットすることが、利用者の自立や重度化防止、QOLの向上につながります。

91　訪問介護の困りごとQ&A

Q38

外部研修への参加など、リスキリングに力を入れたいのですが、上司や会社の理解が乏しいです。ホームヘルパーにもすすめていますが、反応が悪くて悩んでいます。

A 研修計画の作成と予算の確保は一体的に考えましょう。少し長い期間で計画し、提案してはどうでしょうか。

　研修計画は、全員一律に考えるのではなく、1人ひとりに合った研修等を計画することが望ましいとされています（介護職員等処遇改善加算を取得している事業所であれば、算定要件として必須）。必要研修項目などもあるため、それにプラスして、各自に合った計画を立てることになります。また、有料の外部研修であれば当然、費用がかかります。となると、会社としては予算の問題もあるでしょう。

　このように、時間とお金が関わる案件です。とてもよい取り組みですが、少し時間をかけて段階的に進めていきましょう。

　若い人や働き盛りの人であれば、3〜5年後に自分がどうありたいかを描いてもらい、そのために必要な知識と経験を面談等で共有し、そのキャリアプランに沿って提案してみてはどうでしょう。単に「○○の研修がよかったから、参加してみては？」と言われるより、ずっと説得力があると思います。

　高齢のホームヘルパーなら1年後の目標でもよいと思います。「長く働ける体づくりが目標」なら、まずはそれをサポートし、その後、本来学んでほしい介助術の研修をすすめるといったように、キャリアに合わせて、"ともに取り組む"のが理想的です。

　ここ数年で無料のオンライン研修も増えました。私はSNS等に上がってくる情報から、気になる研修があれば参加して、よかったら他の職員に共有したり、同じようなテーマで対面で研修をお願いできる講師がいないかリサーチしたりしています。
　訪問介護は生活を支援する役割があるので、「掃除のコツ」「健康になる食生活」など、幅広いテーマから探してみてもよいと思います。まずは「研修に興味を持ってもらうこと」も重要です。

第4章　サービス提供責任者の職域

Q39

ホームヘルパーの急病で代行訪問したところ、
利用者から「あなたに代わってほしい」と
言われ、代行訪問の難しさを感じました。
今後の注意点やポイントを教えてください。

A 利用者のこだわり等は事前に把握する必要がありますが、
適切なケアができているなら、
ネガティブに考えなくてもよいのではないでしょうか。

　この質問は「担当ホームヘルパーよりも評価が高くて困った」というケースですから、少し主旨が異なるかもしれませんが、まずは基本的な代行訪問時の注意点とポイントを挙げていきたいと思います。

●代行が決まったら、できるだけ早く利用者に知らせる

　「サービスに行くことに変わりはない」と思うかもしれませんが、担当者の変更は利用者にとっては大きな変化で、ストレスを与える可能性もあります。

　急な休みで当日に代行する場合は、電話連絡しか方法がないうえ、時間がないこともあるかもしれませんが、できるだけ了承をもらってから訪問しましょう。

●利用者のこだわり等を事前に把握する

　サービス内容は当然ですが、それ以外の「時間に厳しい」「あまり大きい声は好まれない」「自分の荷物はできるだけ持って行かない」など、利用者のこだわりや、どのような注意や配慮が必要かを事前に把握しておきましょう。

●違った視点で利用者を観察・支援することで、
　アセスメントにつなげる

　同行訪問やモニタリングとは関わり方が異なるため、代行だからこそ気づく利用者の変化があるはずです。慣例化されていた支援方法も見直しが必要かもしれません。

●サービスの質を一定に保つ

これは代行に限らず、普段から注意することですが、"誰がサービスをおこなっても質を一定に保つ"が理想です。視点や観察した結果が違うことはあっても、計画に基づき、目標に向かって支援することに変わりはありません。

以上を踏まえ、質問に対する回答ですが、これらの注意点が守られていれば、あまり気にしなくてもよいのではないでしょうか。代行した際、サービスの質が過剰になっていたのなら改める必要がありますが、通常の手順通りであれば、単に相性やフィーリングの問題が大きいでしょう。

ただ、こういったケースを想定して、普段からできるだけ多くのホームヘルパーが関わるシフト調整を目指してください。また、介護保険サービスでは、ホームヘルパーを指名することはできないので、そのことも契約の際に説明しておくとよいでしょう。

なお、「代わってほしい」と言われたら、指名はできないことを伝えつつ、「なぜ代わってほしいのか」をヒアリングして、今後のケアに活かす必要があります。直接話しづらそうであれば、ケアマネジャー等に依頼して、聞いてもらうのもいいかもしれません。

Q40

定期的にモニタリングをしていると正直それほど変化がなく、どう書けばよいのか困ることが多いです。

Ⓐ 変化がないのは必ずしも悪いことではありません。「できていること」に着目して、記録しましょう。

そもそもモニタリングとは、サービス提供責任者が利用者宅を訪問し、「ケアプランや訪問介護計画書に沿ってサービスがおこなわれているか?」「利用者のニーズに沿っ

第4章　サービス提供責任者の職域

ているか?」「利用者の現状とサービス内容がマッチしているか?」などを定期的にチェックすることで、様々な「変化」に気づく視点が必要です。初回は1カ月後、その後は状況に応じて1〜3カ月ごとにおこなう必要があります。

　利用者の状態は日々変化するため、体調はもちろん、身体の動き、経済状況、家族の状況など、幅広くチェックしますが、それでも利用者の状況や目標によっては、大きな変化が見られないこともあるでしょう。身体機能に問題がない利用者であれば、その点において変化がないのは、むしろ望ましいといえます。

　「変化なし」の理由を掘り下げることが必要、という声もありますが、制度上、1人のサービス提供責任者が40名の利用者を担当する状況では、そこまで余裕のない場合がほとんどでしょう。

　とはいえ、「特段変化なし」と記載するのは、やはり好ましくありません。ですから、ICF（国際生活機能分類）の視点で、できていることに着目し、記録することをおすすめします。

〈 変化が見られない場合の記載例 〉

前回から変化がなく、身体機能の維持ができており、ADLは自立している。

前回から変化がなく、自分でおこなおうとする意欲が継続できている。

前回と同じく目標に届いていない場面が多いが、引き続き短期目標を
意識できるように支援していく。

　次のページ（**資料40**）に、当法人で使用している「モニタリングシート」とその記載例を紹介します。このシートを利用者宅に持って行き、話を聞きながらその場で記録し、事業所に戻ってから、改めて利用者状況報告書にまとめています。

資料40　モニタリングシートと記載例

モニタリングシート

記入日 令和 7年 3月1日　　　　　　利用者名　　熊本太郎　様

項目	内容
現在の生活で困っていることはないか	「移動に時間がかかるようになった。年だから仕方ない」と話された。
訪問介護員の仕事は、介護計画書に沿っておこなわれているか	⭕おこなわれている おこなわれていない
病気について、新たに注目することはないか	血圧上が高めの時が多い(150前後)。 150以上の時は再検し、それでも150以上の際は入浴は控えている。 (R6.11.5担当者会議で申し合わせた通り)
サービス内容に満足しているか	⭕満足 普通 不満足
苦情・要望	ご家族も含めて特に苦情・要望はなし。
サービス計画に沿ってサービスが実施されているか	⭕されている されていない
目標の確認 達成度の確認	長期目標:健康に気をつけて、自宅で安心して生活できる 達成度　(達成　⭕継続中　未達成) 短期目標:入浴動作をヘルパーと一緒に確認して、できることを1つ増やす 達成度　(達成　⭕継続中　未達成)
日常生活動作(ADL)の確認	入浴時、浴槽の出入りで足が上がらない時は介助している。 着替え時は椅子に座っていただくように声かけしている。
社会的生活動作の確認	前回から変化はなく、引き続きデイサービスでリハビリに取り組まれている。家の周りの散歩も継続。
解決が必要だと思われる事項の確認	入浴前、血圧、体温を測ってサービスに入っているが、当事業所のものを使っているため、血圧計の購入を依頼している。
その他	立位のまま慌てて衣類を脱ごうとされるため、転倒のリスクがあり注意が必要。 理学療法士からの助言もあり、今後は着替えの際、椅子に座っていただいた方が安全ではないか、との意見があがっている。

熊本市社会福祉事業団　中央ヘルパー事業所

担当者名:　東京一郎

訪問介護の困りごとQ&A

第4章　サービス提供責任者の職域

Q41

ケアマネジャーの要望とホームヘルパー
からの訴えの板ばさみになることがあります。
どう対応すればよいのでしょうか?

A まずは、1人で抱え込まないことが大事です。
同僚のサービス提供責任者や管理者に相談し、
ケアマネジャーへの連絡は管理者に任せましょう。

これは事業所としての問題ですから、たとえ自分が担当する利用者の案件でも、同僚や管理者に相談しながら検討するようにしましょう。

基本の考え方としては、ホームヘルパーの代表という立場ですから、担当ホームヘルパーが働きやすい環境をつくることが、利用者にとっても望ましいのではないでしょうか。とはいえ、事情によって異なるので、それぞれのケースで考えていきましょう。

①「ホームヘルパーの訴えに問題があった場合」の対応

管理者や他のサービス提供責任者にも同席してもらい、注意というよりは、話し合いをしましょう。責めるのではなく、なぜそのようなことになったのか事実関係を確認したうえで、目的や目標を再共有し、「私たちはどうすべきか?」を考えてもらう場にするとよいと思います。管理者はできるだけ中立の立場で、見守るといった姿勢が好ましいです。

②「ケアマネジャーの要望に問題があった場合」の対応

こちらは正直、非常に難しいのですが、経験からいうと、自社、他社を問わず、管理者から、居宅介護支援事業所の管理者に伝えてもらうのがよいと思います。

「よりよいサービスをおこないたい」ことを最初に伝え、「このようなケースがあった。御社でも調査していただけないか」など、先方の都合にも配慮しつつ、時間をかけて解決を図るしかないと思います。そのためにも、自分たちの主張が本当に正しいのか、検討に検討を重ねることが必要です。

コラム①

事務員のすすめ

　皆さんの事業所には、事務専門（利用者への直接的なケアをしない）の職員がいますか？　当法人では10年以上前から配置していますが、そのおかげでサービス提供責任者や管理者の活動の幅が広がり、適正な事業所運営ならびに利用者支援につながっています。

●事務員を配置するメリットは？

　すべてにおいて、と言いたいところですが、一番は"「お金」に関する業務を任せられること"です。事務員がいない場合、請求業務をはじめ、会計業務もサービス提供責任者が担うことになり、相当な負担がかかるでしょう。

　収支をしっかり意識することは事業を継続するうえで大切なことですが、介護の専門職としては、「お金」をちょっと横に置いて考えたくなるときもあると思います。会計業務は事務員に任せた方が心理的負担も少なくなります。

●どんな業務を頼むと、よりよい事業所運営につながる？

　当法人では、契約書、重要事項説明書の準備、広報誌の作成、会議資料の作成など、事業所内業務をほとんど取り仕切ってもらっています。もちろん電話応対もお願いしています。「電話しても誰も出ない」ということがないので、様々な面で助かっています。

　また、ダブルチェック機能として、ケアマネジャーに実績を報告する前に、件数確認などを一緒におこなっています。

●これから事務員を雇う場合、どういった人材がおすすめ？

　電話応対をこなせ、サービス提供責任者やホームヘルパーとコミュニケーションが取れる人であれば、経験やパソコンのスキルは特段必要ないでしょう。介護の知識はあるに越したことはありませんが、働きながら学んでもらえば十分だと思います。

　「事務員を雇う余裕がない」という事業所もあるかと思いますが、結局は誰かの負担が増えて負のスパイラルに陥りかねません。デジタルの力で解決できることもありますが、そこにも投資は必要なので、何を優先するかで判断するしかないでしょう。

第5章

緊急時やクレーム、ハラスメントへの対応

> どれも対応が難しく、
> それぞれを詳しく取り上げれば1冊の本になるテーマばかりですが、
> ここでは訪問介護で発生しやすい事例に絞って取り上げました。
> 「いまさら聞けない、だけど、どうしていいかわからない」
> といった事態に陥らないよう、1つひとつ取り組んでいきましょう。
> 資料もいくつか用意しました。ご活用いただき、
> 働きやすい職場環境をつくっていきましょう。

Q42

独居の利用者宅を訪問しましたが、
応答がありません。このような場合、
どう対応するのが適切ですか?

A **周りから居室の様子をうかがえるか確認しましょう。
万が一、利用者が倒れていても
単独での行動は控え、応援を待ちましょう。**

おそらくほとんどの事業所が、このような緊急時には、まずは事業所に連絡するようホームヘルパーに指導しているでしょう。その対応が最善だと思います。連絡を受けたサービス提供責任者等から、ケアマネジャーや家族に連絡を取り、外出など他の予定がなかったか等を確認してもらい、少し様子をみるのが一般的です。その間に現地に向かい、ホームヘルパーと合流し、必要に応じて119番通報するのが一連の動きとなるでしょう。

とはいえ、実際はそれぞれのケースによって、取るべき対応も変わります。すべてを紹介するのは難しいため、いくつか絞ってみていきましょう。

●居室の様子を確認できる利用者宅の場合

人命優先ですから、できる範囲のことはすべきです。一軒家や通路側に窓のある共同住宅に住んでいる利用者であれば、居室の様子をうかがえるかホームヘルパーに確認しましょう。

もし倒れているのを発見したら、ホームヘルパーに119番通報を指示します。この場合、重要なのは、たとえ玄関や窓の鍵が開いていても1人で入室させないことです。事件や事故の可能性がある場合、巻き込まれる危険があったり、警察からの事情聴取に1人で長時間対応しなければならなくなったりして、精神的な負担もかなり大きくなります。管理者やサービス提供責任者が最初に発見した場合も、応援を呼ぶなり、救急隊員を待つなりしましょう。

訪問介護の困りごとQ&A 100

第5章　緊急時やクレーム、ハラスメントへの対応

●窓越しに声をかけ、利用者に反応があった場合

　前述のケースで、利用者に反応があり、玄関や窓の鍵が開いていれば、人命救助の観点から、即入室しても構わないでしょう。高齢者の場合、転倒などによって立ち上がれなくなり、大きな声も出せず、誰か来ても応答できないことはそれほど珍しくはありません。

●様子は確認できないが、鍵は開いている場合

　このケースも、事件や事故に巻き込まれたり、「不法侵入だ」と訴えられたりするなど、トラブルに発展するリスクがあるので、絶対に1人で入室しないようにしてください。

　現地に向かっている移動中は難しいと思いますが、どのようなケースにおいても、**できるだけ電話を通話状態にしたまま指示を出す**と、ホームヘルパーも安心して対応できます。その際は、**できるだけゆっくり落ち着いて話す**ことを心がけてください。

「鍵の取り扱い」は事前に取り決めを

　既に実施している事業所が多いと思いますが、独居（日中独居を含む）や高齢者世帯などでは、「インターホンが聞こえない」「玄関への移動に時間を要する」など、事件や事故でなくても応答できない場合が想定されます。オートロックの共同住宅に住む高齢者も増えており、「部屋の前に行くことさえできない」といった悩みも聞かれます。

　ですから、サービス担当者会議でケアマネジャーや地域包括支援センターの職員、そして家族らとともに、様々な状況での対応や責任の所在を事前に取り決めておきましょう。

（例）
・キーボックスを設置する
・マンション等の場合、管理人や管理会社と連携する
・利用者が警備会社と個別に契約して、緊急時には対応を依頼する
・緊急時は家族の了承のもと、鍵を壊してもよい
・応答がなくても、鍵が開いていれば、家族の了承を得なくても入室してよい

Q43

ホームヘルパーから緊急連絡があったのですが、誰も手が空いておらずすぐに駆けつけられない場合、どうすればよいのでしょうか？

A 他サービスも展開しているなら他部署、単独事業所であれば他事業所と連携しましょう。

誰も駆けつけられないという状況がそもそも事業所運営上、適正ではありませんが、悪い状況が重なることも多々あります。特にコロナ禍を経て、そういったケースは増えているのではないでしょうか。

そんなときこそ連携です。自社でデイサービスや居宅介護支援事業所などを運営していれば他部署の職員に、訪問介護単独の事業所であれば、ケアマネジャーや近隣の訪問介護事業所に助けを求められるよう、想定される緊急事態に備えて、自事業所のバックアップ体制を整える必要があるでしょう。頼る先があれば、ホームヘルパーの心理的負担もグッと減らせると思います。

当然ですが、そのためには日頃から連携を図る必要があります。具体的な取り組みは第6章の他職種連携で紹介しますが、自分たちが頼られたときには応援に駆けつけ、お互いに協力し合うことが大切です。

当法人では、特にコロナ禍は他事業所の応援に行く機会が多くありました。逆に、高齢のホームヘルパーが訪問した際に、利用者が座り込んで立てなくなってしまい、デイサービスの職員に応援に来てもらったことがあります。
いざというときに頼れる相手がいることは、とても心強いと実感しています。

訪問介護の困りごとQ&A　102

第5章　緊急時やクレーム、ハラスメントへの対応

Q44

利用者（家族）から苦情を受けました。初期対応で注意すべきことは何でしょうか?

A　「事業所」として対応することを明確に伝えましょう。そして、「迅速に」を心がけてください。

● 苦情を受けたら、すぐに対応する

　一般的に苦情は、顧客（訪問介護の場合は利用者や家族）が思うレベルに内容や質が達していない場合に起こります。その差が大きいほど解決が困難です。また、その差は時間とともに大きくなる傾向にあります。当初は小さな苦情が、解決に時間がかかるうちに他のことも積み重なり、相乗効果で大きな問題に発展しがちです。

● まずは傾聴し、相手の意見をしっかり受け止める

　「それは利用者さんの方が間違っているのでは?」と思う点があっても、その場では抑えて、傾聴に徹しましょう。たとえ正論でも口を挟むと、相手の感情を逆撫でする危険性が高く、余計にこじれてしまいます。

● 全面的に謝罪しない

　「そのことについては、確かに当方に配慮が足りませんでした」など、事実がはっきりしている部分について謝罪するのは適切ですが、すべて自分たちに非があると認めてしまうと、逆効果になる場合があるので注意しましょう。

● 個人ではなく、「事業所」として対応することを明確に伝える

　苦情を受けた時点で、当事者間（利用者と担当ホームヘルパーなど）の問題ではなく、「利用者や家族」と「事業所」の問題になります。電話で苦情を受けたら、その場にいる一番上の責任者が対応しましょう。不在の場合は、「管理者から連絡いたします」「サービス提供責任者から連絡いたします」と返答し、事業所で対応することを伝えます。

> 苦情対策として、普段からサービス提供責任者がモニタリングをおこない、小さな不満が大きくならないようにすることも大切です。

Q45

利用者（家族）からの電話が、苦情なのか、提案なのか判断しづらく悩むことがあります。

A 「苦情」か「提案や要望」かの線引きは難しいものです。まずは記録をきちんと取り、その後、対面で話し合いましょう。

そもそも、「苦情」という言葉の解釈が様々です。「苦情」は「不平や不満を伝えること」、同じように使われている「クレーム」は「不平や不満に対する改善や賠償を要求すること」というのが一般的なようですが、同じ意味で使っている人も多いでしょう。

そのため、利用者や家族から何かしらの訴えがあったら、苦情かどうかにこだわらず記録に残し、後で共有できるようにすることが大事です。すぐに解決したことでも、「この時点でこのような訴えがあった」という記録が後々役立つかもしれないからです。ヒヤリ・ハット報告書と同じような考えです。

そこで当法人では、利用者や家族からの訴えをすべて「苦情」と解釈し、「苦情受付票」（**資料45**）に記録する対応にしています。もちろんQ44で紹介した初期対応を意識して聞き取っていきます。

●「苦情受付票」を活用した苦情対応の流れ

①相手の話を聞いて、以下を記入

- 【苦情分類】は、相手の言葉から、その時点での推測で記載する。複数記載可。
- 【概要】は、「誰に対して、どのような訴えか?」を、相手の言葉を交えながら記載。
- 【要因】は、受付者が相手の訴えを聞いたうえで記載。

②管理者が、記載された情報から今後の対応を検討。基本的に対面で話し合う

- 【対応の経過】【今後の対応】は、対応後に記載。【対応の経過】まではサービス提供責任者でもよいが、【今後の対応】は管理者が記載し、今後に活かす。

※最初から電話で「管理者を出せ」と、言われた場合は、管理者がすべて記載する流れになる。

訪問介護の困りごとQ&A　104

第5章　　緊急時やクレーム、ハラスメントへの対応

資料４５　苦情受付票と記載例

苦 情 受 付 票

受付日：令和　年　月　日（　：　）

申出人	☑本人　　☐家族　　☐その他(　　　　　) ☐居宅介護支援事業所	受付者	
住所	家族等からの連絡であれば、その方の住所等を記入		
フリガナ 利用者氏名	様	生年月日	年　月　日 （　歳）
住　所	〒 利用者からの連絡であれば、 その方の住所等を記入	性　別	

苦情分類	☑調べてほしい　☐謝罪してほしい　☐回答がほしい ☐弁償してほしい　☐改善してほしい　☐その他
概要	ご本人より電話。今日の買い物支援についての問い合わせ。 「今日、買い物に行ってもらったがお釣りが500円足りない」 「レシートはあるが、見方がわからない。とにかく500円足りない」との訴え。 会話のなかで、現金と商品券を併用して買い物したことがわかり、 その説明をするが、理解ができていない様子。
要因	☐接遇　☑説明不足　☐技術不足　☐その他(　　　　) 現金6000円と500円分の商品券を預かる。 品物代金5010円より商品券分500円を差し引き4510円。 現金6000円より4510円を支払い、 1490円のお釣りになることを説明したが、 結果的に理解できていらっしゃらなかった。
対応の経過	電話があった旨、担当ヘルパーに連絡。 上記の通り、商品券を使用したことが原因ではないか。 改めて、○時に訪問して説明する。 本人も納得される。
今後の対応	今回は商品券を使用し、通常と違う支払い方をしたため、お釣りの額の認識に 混乱が生じた。商品券を使用することも利用者の希望で、十分に説明を したつもりであったが、結果的に理解できていなかったため、 口頭での説明には限界があると感じる。 了解を得て、写真などで記録を残す等の対応が必要ではないか。 次回、チーム懇談会にて事例検討することとする。

Q46

苦情を受けたホームヘルパーがいます。適切なアフターケアを教えてください。

A 「その苦情ひとつで、あなたの評価が決まるわけではない」ことを日頃から発信しましょう。

この世界は十人十色。様々な人で成り立っています。相性もあるし、よいところもあればそうではないところもあるのが人間です。たまたま、その利用者と相性が合わず、ちょっとした対応が苦情につながるケースもあります。

専門職として、仕事として、苦情にはしっかり向き合うべきですが、非があったのかというと、必ずしもそうではない場合もあると思います。

ですから、ひとつの苦情でそのホームヘルパーの評価が決まるわけではないことを、普段から発信しておく必要があります。そういう地固めをしておかないと、ちょっとした苦情に心が折れてしまう危険性があるからです。

特に、新しく入ってきた人には、事前研修などの際に訪問介護の特色として、「1対1なので利用者からの評価がはっきりしている。しかし、その評価と専門職としての評価は違うときがある」という話を必ずしましょう。他の人たちにも、研修などの機会を利用し、月に1回以上は発信してください。

アフターケアも基本は同じですが、事後に伝えるだけでは、なかなか気持ちの整理がつかないものです。自信と誇りを持って働けるよう、"ビフォーケア"に努めましょう。

産業医や地域の相談窓口も活用を

常時50人以上の従業員がいる事業場は産業医の選任が必要と定められています。また、労働者数50人未満の事業場を対象にした、「こころ」と「からだ」の健康管理について相談できる【地域産業保健センター（通称「地さんぽ」）】が全国に350カ所あり、無料で利用できます。地域の相談窓口を調べて、情報提供するのもよいでしょう。外部の人にだからこそ、話せることもあるはずです。

訪問介護の困りごとQ&A

第5章　緊急時やクレーム、ハラスメントへの対応

Q47

誰も傷つけずに苦情を共有するには
どうしたらよいのでしょうか？
具体的に話すと当事者を傷つけそうですが、
再発防止のためには必要で悩んでいます。

A 「傷つけそう」と思うことが傷つけている場合も
あります。苦情を受けた人の性格や考え方に
合わせて、どう対応するのが最善か考えましょう。

　一般論として、「傷つけそう」と思う気持ちはわかりますが、変に気を遣われることを
好まない人もいます。Q46でも触れましたが、結局のところ重要なのは"ビフォーケ
ア"です。「目的、方向性は同じか」「目標は理解しているか」「技術力以前にどのよう
な考えでホームヘルパーをしているか」「どんな性格か」等々は、普段の会話で情報収
集するしかありません。コミュニケーションを図り、どう対応するのがよいのか、様々
な角度から客観的に判断できるよう努めましょう。

　そもそも信頼関係が築けていれば、（本人に事前に了承を得たうえで）事実をそのま
ま共有したとしても、深く傷つけることはないかと思います。

　とはいえ、実際に共有する際は、単に事実を伝えるだけでは学びにならないので、
事例研修をおすすめします。「このような苦情が他事業所であったらしい。当事業所で
起きないようにするには、どうすればよいか」を話し合ってもらいましょう。

できるだけ利用者宅を訪問し、"小さな芽"のうちに摘み取る

　苦情やハラスメントは、突き詰めていくと「説明不足」や「お互いの理解不足」が原
因として考えられるケースが多く、その根底にあるのはおもに「コミュニケーション不
足」です。利用者とホームヘルパーのコミュニケーションがよく図れていれば、多少の
行き違いがあっても早期に認知、修正され、円滑な関係の継続が可能でしょう。そ
の役割を果たすのが、サービス提供責任者です。

　最初は大変ですが、できるだけ訪問して、苦情につながる芽が大きくならないうち
に解決に導く方が、対策としては有効です。

Q48

カスタマーハラスメントを受けても、
自分から言い出しにくいホームヘルパーも
いるようです。事業所として、
どんな取り組みができるか教えてください。

A1 簡単に回答できるチェックシートを作成し、定期的に実施することをおすすめします。

　訪問介護事業者は雇用契約を結ぶ事業所内はもちろん、サービスの場面においても受ける可能性のある様々なハラスメント（パワーハラスメント、セクシュアルハラスメント等）に対し、周知・啓発（ホームヘルパー、利用者や家族に対して）、ホームヘルパーからの相談対応など、適切に取り計らう体制を整備する必要があります。

　既に様々な取り組みをおこなっていて、サービス提供責任者から定期的にハラスメントが起きていないか確認している事業所も多いのではないでしょうか。ですが、「迷惑がかかるかも」「私が我慢すれば……」と、ためらってしまう人もいます。

　そのため、当法人ではハラスメント対策として「介護現場におけるハラスメントに関する定期チェックシート」（**資料48−1**）を作成しました。定期的に取り組んでもらうことで、ハラスメント対策に力を入れていて、報告・相談しやすい環境に努めている事業所であることを伝えています。

「介護現場におけるハラスメントに関する定期チェックシート」とは

- ハラスメント対策委員会のメンバー
  3〜4名（全員、サービス提供責任者）が中心になって作成
- ホームヘルパーがハラスメント予防およびハラスメントに対する
  認識を深めるためのツール
- 3カ月に1回の頻度で実施。繰り返しおこなうことで、個々のハラスメントに
  対する認識、理解を深めてもらう。現在は無記名方式だが、より意味のある
  ものになるよう模索中

訪問介護の困りごとQ&A

第5章 緊急時やクレーム、ハラスメントへの対応

資料48-1　介護現場におけるハラスメントに関する定期チェックシート

介護現場におけるハラスメントに関する定期チェックシート

常勤・パートヘルパー用

チェック日(　　　年　　　月　　　日)

　本チェックシートは、定期的に介護現場におけるハラスメントに対するみなさんの認識、理解度を確認し、職員1人ひとりが安心・安全に働くことができる職場環境の構築、より良い介護サービス提供に向けた取り組みに活かすことを目的として実施します。「本チェックシートにおけるハラスメントの定義」を確認してから、下記の項目について、当てはまる選択肢(1.はい ／ 2.いいえ ／ 3.わからない)の番号を記入してください。

チェック項目	回答欄
例) 利用者やその家族等からのハラスメントに対する、当事業所の対応方針を知っていますか。	2
環境面でハラスメントのきっかけや原因になる事柄を訪問の度に確認していますか。 　例:ケアをおこなう場所の状況(閉めきりや近隣に住宅等がないなど、助けを求めても声が届きにくい、 　　　鍵がかかる等)、身近にある物品(目に付くよう意図的にアダルトビデオが置いてある等) 等	
サービス提供責任者から、訪問する利用者について、事前に生活歴や服薬状況等、 最新情報の提供を受けていますか。 　例:攻撃的な言動がある、訪問時に酒に酔っていることがある、アルコール依存症 等	
サービス提供責任者から、定期的にケアプランや訪問介護計画書の情報提供を受けていますか。 　例:チーム会議や申し送り時にケアプランの目標を確認する、サービス提供範囲を訪問介護計画書で確認する 等	
ケアプラン上の長期目標・短期目標を意識して、サービスの提供と記録をおこなっていますか。 　例:目標とは関係のない個人的な感想を記録に残すことで、利用者や家族に不快に思われる可能性がある 等	
利用者やその家族等からの要望や意見など、細かい事でもサービス提供責任者へ報告していますか。 　例:サービスへの過度な期待、提供範囲外の依頼、ついでや一度限りの依頼等も含めたご要望、ご意見 等	
基本的なマナーやルールが守れていますか。 　例:予定時間に訪問する、遅れる際は事前に連絡する、適切な言葉遣いをする 等	
サービスの提供にあたり、服装や身だしなみは適したものになっていますか。 　例:事業所から貸与された服を着用する、着崩さずに着用する、ケアの妨げになるアクセサリーは身に付けない 等	
サービスの提供とは関係ない個人情報の提供を、利用者やその家族等から求められても断っていますか。 　例:自分や他のヘルパーの電話番号や住所等を不用意に伝えない、他の利用者の話をしない 等	
利用者やその家族等からハラスメント※を受けたと少しでも感じた場合に、すぐに所長やサービス提供責任者に報告・相談ができていますか。	
利用者やその家族等からハラスメント※を受けたと少しでも感じた場合に、所長やサービス提供責任者はきちんとあなたの報告・相談に傾聴し、内容に応じた十分な対応をしてくれていますか。	
当事業所は利用者の在宅生活を支えるうえで働きやすい職場環境となっていますか。 　例:立場に関係なく職員同士が話しやすい、提案しやすい職場である 等	

※明確にハラスメントと判断することが難しい言動も含みます。

109　訪問介護の困りごとQ&A

「介護現場におけるハラスメントに関する定期チェックシート」内にある、「本チェックシートにおけるハラスメントの定義」は、厚生労働省の「介護現場におけるハラスメント対策マニュアル」の定義をそのまま使用して、下記を1枚の資料としてまとめています。

- 介護現場における利用者やその家族等（※）からの身体的暴力、
  精神的暴力及びセクシュアルハラスメントをあわせて、
  「介護現場におけるハラスメント」としていること
  ※利用者や家族等の「等」とは、家族に準じる同居の知人または近居の
  　親族を意味する

- 身体的暴力、精神的暴力、セクシュアルハラスメントの具体例

- 「ハラスメント」ではない言動についての説明
  ①認知症等の病気または障害の症状として現れた言動（BPSD等）
  ②利用料金の滞納
  ③苦情の申し立て

Ⓐ2 言葉だけでなく手元に残る資料を使って、利用者や家族にもお願いしましょう。

　いくら事業所で様々な取り組みをおこなっても、利用者や家族の理解なくしてはカスタマーハラスメントは防げません。契約時はもちろん、疑わしき言動があったら、文書も使って繰り返し説明して理解を求めましょう。**資料48－2、3**を参考に、皆さんの事業所でも作成することをおすすめします。

訪問介護の困りごとQ＆A　　110

資料48-2　セクハラ・パワハラについて①

訪問介護の適正なご利用のために

"セクハラ・パワハラ"について

当法人はホームヘルパーの働きやすい環境づくりを推進しています。

　ホームヘルパーは、業務がご利用者様のご自宅でおこなわれる特性上、第三者には見えづらく、ハラスメントが起きやすい状況に置かれます。

　当法人では、ご利用者様の尊厳や生活を尊重し、またご利用者様を様々な虐待から守る権利擁護を遵守しておりますが、社会的には福祉に携わる者による虐待事件がニュースになっております。

　同時に**ホームヘルパーに対するセクハラ・パワハラも大きな問題**となっております。

セクハラ・パワハラとは
次のような行為を指します。

①身体的暴力

身体的な力を使って危害を及ぼす行為。

例：コップを投げつける／蹴る／唾を吐く

②精神的暴力

個人の尊厳や人格を言葉や態度によって傷つけたり、おとしめたりする行為。

例：大声を発する／怒鳴る／特定のホームヘルパーにいやがらせをする／「この程度できて当然」と理不尽なサービスを要求する

③セクハラ（セクシュアルハラスメント）

意に添わない性的誘いかけ、好意的態度の要求等、性的ないやがらせ行為。

例：必要もなく手や腕を触る／抱きしめる／入浴介助中、あからさまに性的な話をする

資料48-3　セクハラ・パワハラについて②

訪問介護の適正なご利用のために

"セクハラ・パワハラ"は許されない行為です。

　当法人では、ご利用者様に対する福祉従事者による虐待などが起こらないよう注意するのはもちろんのこと、ホームヘルパーの働きやすい環境を守り、推進していくことも大切に考えています。そのため、ホームヘルパーに対するセクハラ・パワハラ等につきましても**「ハラスメントは絶対に許されない行為です」**という姿勢で対応いたしますこと、ご理解とご了承をお願いいたします。

　ハラスメントの報告がありましたら、当法人で事実確認をしたうえで、当法人の総合事業契約書第10条（介護保険契約書第15条）により、すみやかに関係機関と協議のうえ、**解約（サービス終了）の手続きを開始**させていただきます。場合によっては**警察に通報**することもありますこと、併せてご理解をお願い申し上げます。

訪問介護の困りごとQ&A　　112

第6章

他職種連携

それぞれの専門性を活かし、利用者を包括的、効果的、
効率的に支援し、忖度することなく意見を出し合うことで、
さらなる質の向上を図れる仕組みがチームケアであり、
他職種連携です。様々な専門職が多角的にアプローチすることで、
利用者の生活の幅が大きく広がります。
ホームヘルパーも生活支援の専門職として誇りを
持って支援にあたれるよう、
事業所全体で取り組んでいきましょう。

Q49
あらゆる場面において「他職種連携が重要」と言われますが、具体的にどういうことを指し、何をすればよいのでしょうか？

A 「連携」とは、同じ目標を持ち、その目標達成のために互いに協力して取り組むことです。それぞれが専門職として意見を交わし、課題を解決していきます。

　介護を必要とする利用者は様々な課題を抱えています。その課題は多方面にわたるため、複数の専門職や関係者がチームを組み、互いに協力し合う必要があります。その際、重要なのが、利用者を主体とした目標を共有し、それを達成するために行動することです。単に連絡を取り合うだけでは「連携」とはいえないでしょう。

　そして、よりよい連携のためには、お互いをリスペクトすることが基本です。そのためには、それぞれの専門性を理解しておく必要があります。

　さらに「訪問介護のプロ」として、利用者と一番身近に接しているからこそ知り得る情報を客観的に判断し、チームのメンバーに共有することも求められます。時々、訪問介護職の人から「ケアマネジャーや医師より立場が下だし……」という声が聞こえてくることもありますが、チームケアのメンバー間に上下関係はありません、自分たちの仕事にプライドを持ち、専門性を発揮していきましょう。

　残念ながら、チームの中に非協力的な人がいる場合もあります。他者を変えることは非常に難しく、その人をどうにかしようと動いても成果は得にくいですが、経験上、「利用者のために」「スタッフのために」と努力していると、不思議と周りの人も協力的になってくれます。
　また、「引き寄せの法則」という言葉の通り、自分が「積極的に連携したい！」「チームでケアをしたい！」と思っていると、同じような考えの専門職がサービス担当者会議に集まったり、何かの折に顔を合わせたりすることがあると実感しています。

訪問介護の困りごとQ&A　114

第6章　他職種連携

利用者を支える
おもなチームケアのメンバー

利用者によって多少の違いはありますが、おもに以下の多職種が、それぞれの専門性を発揮して連携することで、利用者の生活を支えています。

ケアマネジャー

利用者や家族、自治体や地域包括支援センターなどから依頼を受け、初めに利用者から聞き取りをおこなう相談援助職。

- 利用者の抱えているニーズと、介護保険でおこなうサービスを合致させたケアプランの作成

- 在宅介護、施設利用などの各事業所や職種間の橋渡し

- サービス担当者会議の招集などもおこなう

サービス提供責任者

ケアプランをもとに、実際のケアをおこなう現場を統括する。自身もホームヘルパーとしてサービスをおこなうことがある。

- 利用者のニーズを汲んだ訪問介護計画書の作成、アセスメント、モニタリング、利用者への契約書の説明

  - ホームヘルパーの人選、手順書の作成、訪問スケジュールやシフトの管理、サービス提供記録の管理

  - 地域包括支援センターやケアマネジャーへの連絡などもおこなう

利用者
＆
家族

地域包括支援センター

医療職
医師、歯科医師、看護師、薬剤師など

リハビリ職
理学療法士（PT）
作業療法士（OT）
言語聴覚士（ST）など

福祉用具専門相談員

デイサービスなど
施設系介護職

ホームヘルパー

ケアプラン・訪問介護計画書、手順書に基づいたサービスを利用者に提供する。最も頻繁に利用者に会うので、利用者の観察とその記録を期待される。サービス提供記録を作成し、アセスメントの基本となる情報を記録する。

地域
民生委員、自治会、地区社会福祉協議会、ボランティア、NPOなど

115　訪問介護の困りごとQ&A

Q50

都合がつかず、サービス担当者会議を欠席する場合、どんなアクションを取ればよいのでしょうか?

A ケアプラン(居宅サービス計画書)の「第4表 サービス担当者会議の要点」を意識した内容を書面で報告するようにしましょう。

　サービス担当者会議は、サービス開始前やケアプランの変更時など、1人の利用者に対し、何度も実施されます。毎回、参加するのが望ましいですが、どうしても都合がつかないときもあるでしょう。その場合は、会議のまとめ役であるケアマネジャーが後で活用しやすいよう、ケアプランの第4表(**資料50**)を意識して報告することをおすすめします。

資料50　ケアプラン／第4表 サービス担当者会議の要点

| 第4表 | サービス担当者会議の要点 | | | | 作成年月日 | 年 月 日 | |

利用者名　　　　　　　　殿　　　　　　　居宅サービス計画作成者(担当者)氏名

開催日　　　年　月　日　開催場所　　　　　　　開催時間　　　　　　　開催回数

会議出席者	所属(職種)	氏 名	所属(職種)	氏 名	所属(職種)	氏 名
利用者・家族の出席 本人:【 】 家族:【 】 (続柄:　)						
※備考						
検討した項目						
検討内容						
結論						
残された課題 (次回の開催時期)						

訪問介護の困りごとQ&A

| 第6章 | 他職種連携 |

普段あまり目にすることはないと思いますが、サービス担当者会議を実施すると、ケアマネジャーは、この第4表に会議の要点をまとめます。

「家族からサービス中止の依頼があった」「利用者のハラスメント行為があった」などのように、緊急の理由で開催される場合は、その開催理由がそのまま【検討した項目】に該当することが多いので、「訪問介護としては、客観的に見てこのように検討し、このように結論づけた」といった内容を書面で渡しましょう。ただし、緊急開催の場合は、内容的に対面で話し合う方が有効なため、できるだけ都合をつけて参加することをおすすめします。

ケアプランの変更時のように定例で開催される会議の場合は、【検討した項目】に活かせるよう、「目標に対する現在の状況」を書面で伝えましょう。

〈 記載例 〉

【短期目標】 15分以上モップがけができるようになる。の場合
↓
現状は10分程度しか立位ができず、下肢筋力の向上が必要です。

【短期目標】 2品以上の献立を考えて調理することができる。の場合
↓
現状、ホームヘルパーの提案がないと献立が決まりません。

【長期目標】 安心して在宅生活が送れる。の場合
↓
1カ月前から体調を崩され、通院が難しくなっています。

特に決まった書式はないため、ケアマネジャーがわかりやすいようにまとめて構いませんが、悩むのであればケアプランの第4表と同じ様式を活用するとよいでしょう。

ケアチームの一員として、"顔の見える関係づくり"を進めるには、いつでも会議に参加できる余裕のある運営を目指してほしいですが、出席できないときこそ、より存在感を示せるよう、十分な準備をおこなうことを忘れないようにしてください。

Q51

ケアマネジャーとの理想的な関わり方について教えてください。何を求められているのかも知りたいです。

A **"顔の見える関係づくり" が大切です。そして基本になるのはケアプランです。ここに記載されていること=求められていること、といえます。**

利用者の総合的な援助の方針などがまとめられたものがケアプランです。利用者を支えるケアチームのメンバーに求めることが記載されているもの、ともいえます。

ですが、ケアプランもケアマネジャーによって十人十色です。正直なところ、関わり方も含めて「これが正解」と断言するのは難しく、ケアマネジャーによって異なる、という回答が一番正しいのかもしれません。

とはいえ、それでは困ってしまうでしょう。ひとつ言えるのは、相手のケアマネジャーがどのような性格で、どのように仕事に向き合っていたとしても、「"顔の見える関係づくり"が大切」ということです。内向的で積極的にコミュニケーションを取るのが苦手なケアマネジャーもいますが、よりよい連携を図るためには何よりも必要なことだと思います。

「細かいことでも報告・連絡・相談する」「できるだけ、居宅介護支援事業所を訪問して対面で話をする（何かのついでででもOK）」など、会話をする機会を増やすことでわかってくる部分も多いと思います。そのようにして関係性が築け、理解のあるケアマネジャーからの依頼は、働きやすい環境づくりの近道でもあります。

そのためにも、ケアマネジャーの仕事内容について、訪問介護と関連させながら改めて押さえておきましょう。相手を知ることは何事においても重要です。

訪問介護の困りごとQ&A

第6章　他職種連携

サービス開始までの仕事の流れ

監修／日髙 淳

ケアマネジャーの仕事　｜　サービス提供責任者の仕事

ケアマネジャーの仕事

自治体、地域包括支援センターなどを通して、または利用者や家族から依頼を受ける。

→ 連絡 →

サービス提供責任者の仕事

事業所の管理者、サービス提供責任者は、事業所として受け入れ可能かどうか検討する。

利用者情報を収集。例えば、現在入院中で、退院後にサービスを希望する場合は、退院前に医師を交えて面談をおこなうなど、利用者の状況に合わせて動く。

サービス開始に備えて担当ホームヘルパーの人選を開始。

（利用者と）契約

（利用者と）契約

ケアマネジャーから得た情報をもとに利用者宅を訪問し、初回アセスメントと同時に、可能であれば契約もおこなう。

アセスメント

連絡 → リハビリ職
連絡 → 医療職

利用者のニーズ・情報をまとめて課題を分析する。ケアの基盤になる表をアセスメント表と呼ぶ。ケアマネジャー、サービス提供責任者、双方がおこなう。

ケアプラン（原案）作成

（要介護者のケアプランはケアマネジャーが作成するのが通例）

利用者の状況や要望に基づき「これからどのような生活を送りたいか」を踏まえて生活全般の解決すべき目標を設定し、その目標に向けて、利用するサービスの種類や頻度を決めた支援計画書のことで、すべてのケアサービスの基になる。

会議の招集をかける。

サービス担当者会議

利用者の課題や目標、それに向かって暮らすために必要なことを、ケアプランをもとに話し合う場。参加者はケアマネジャー、事業所の担当者、サービス提供責任者、利用者、家族が基本。必要に応じて他職種（医療職や地域包括支援センターの職員など）も出席する。ケアプラン変更時なども随時実施される。

（初回）訪問介護計画書作成

ケアプランに基づいてサービス提供責任者が作成する。目標や支援内容をどうやって実現するか、を具体的にする計画書。

作成後、担当するホームヘルパーとともに利用者宅を訪問。担当者の紹介に加え、計画書の説明をおこない、サービス契約書に署名をもらう。

119　訪問介護の困りごとQ&A

サービス開始後の仕事の流れ

ケアマネジャーの仕事

月に1回以上、利用者宅を訪問。サービス状況と利用者の状態を確認。

利用者のニーズ・情報をまとめて、再び課題を分析（アセスメント）。新たに必要な支援はないか等、他職種からの報告も踏まえ検討する。

サービス提供責任者から月に1回届く、サービス状況を確認。

サービス提供責任者の仕事

手順書（指示書）作成

訪問介護サービススタート

担当ホームヘルパーが、訪問介護計画書と手順書に沿って、利用者を支援する。必要に応じて、ホームヘルパーはサービス提供責任者に、手順書の修正などを提案する。

（ホームヘルパー）

サービス提供記録記入

サービス提供責任者は随時、記載内容を確認。

連絡 ←

月に1回経過報告。ケアマネジャーにサービス状況を報告。

モニタリング

1～3カ月ごとに利用者の状態の変化、目標の達成度の評価などをおこなう。

給付管理業務
（毎月10日までに）

← 1カ月分の利用実績送付

アセスメントの加筆・修正

ケアマネジャー、サービス提供責任者、双方がおこなう。ホームヘルパーも気づいたことを報告。

ケアプラン変更
（必要であれば）

変更の相談・報告 →

訪問介護計画書修正

手順書も修正。ホームヘルパーに周知。

訪問介護の困りごとQ&A　　120

第6章　他職種連携

大きな流れのなかで見る それぞれの仕事と役割

ケアマネジャーとサービス提供責任者、それぞれの仕事の流れに、ホームヘルパー、利用者も入れた相関図も押さえておきましょう。

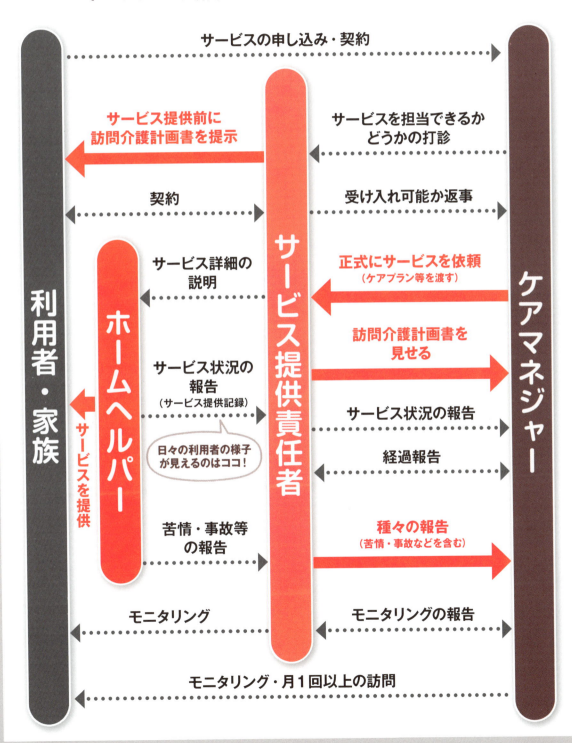

ケアマネジャーにはどんな悩みがある？

より深く知るために、ケアマネジャーが抱える"よくある悩み"も把握しておきましょう。

ホームヘルパーやサービス提供責任者と違って直接サービスをおこなうわけではないので、状況確認のために最低でも1カ月に1回は訪問するが、「今月はいいです」「特に用はないですよ」など、利用者や家族から断られてしまう場合がある。「玄関でお話しするだけで結構ですので」など、訪問を受け入れてもらえるように努めるが、それでも断られることがあり、「お電話だけでも」など、約束を取りつけるのに苦労することがある。

介護度がよくならないと、他の専門職からは「ケアプランが悪いのでは？」と言われ、介護度が良化して要支援になると、利用者や家族からは「なぜ？」「自己負担が増える」「サービスが受けられなくなる」などと問い詰められることがある。

法令の面からの適合性を判断するのも仕事なので、常に最新情報のチェックが欠かせない。「知らない」とは言いづらい。

利用者と、訪問介護事業所やデイサービスとの板ばさみになること。トラブルなどがあった場合に事業所を変更するなどの対応をするのも仕事だが、両者の意見が異なると、原因がはっきりせず、対策も立てられない。

訪問介護の困りごとQ&A

第6章	他職種連携

Q52

民生委員など、地域との連携も必要だと
感じますが、どう動けばよいのかわからず、
つながりを持つことができずにいます。

A 定期的に開催されている集まりや地域の行事に
参加するなど、とにかく行動を起こしましょう。
災害時など、緊急の際も大きな力になります。

　個人情報の保護もあり、個別のケースで積極的に関わることは難しいかもしれませんが、民生委員、自治会（町内会）、食生活改善推進員など、地域では様々な人が活動しています。まずは、その集まりや研修会などに出向いて、"顔の見える関係づくり"を進めることが重要です。

　民生委員や食生活改善推進員の活動は、自治体が把握しているはずなので、役所に問い合わせれば教えてもらえるでしょう。自治会（町内会）は入会していないと会合に参加するのは難しいかもしれませんが、機会があれば出席させてもらいましょう。

　そのような場で、少しだけ訪問介護について話をする時間をいただき、自分たちを知ってもらい、地域の事業所としての役割を持てるとよいと思います。

　他にも地域とのつながりを深めるために、以下のような取り組みをおこなっている事業所もあります。

【 地域の行事や活動に参加 】

- イベントにブースを出したり、誘導係などの裏方として参加したりする。
幅広い世代と知り合うきっかけに。
- 神輿の担ぎ役として祭りに参加。練習等もあり、絆が深まる。
- ゴミ拾いや火の用心の夜回り活動に参加して、近所の方と顔なじみに。
- 警察署や消防署が主催する避難訓練や防災訓練に参加。地域の警察・
消防関係者とも知り合えるので、いざというときにも心強い。

【 事業所をオープンにして地域の人を招く 】

- 事業所の一部を開放して、地域の方が自由に使えるコミュニティースペースに。少しずつ自分たちの存在を知ってもらえるように。
- 週に1回、「介護の無料相談会」を開催。お茶も用意して、気軽に立ち寄れる雰囲気に。

【 介護予防や介護に関するイベントで講師に 】

- 自治体が主催する、介護予防のイベントに運営側として参加。講師のサポートをしたり、ときには教える側に回ったりすることも。
- 「家族のための介護教室」で介助術をレクチャー。地域の方とつながれるだけでなく、利用者家族の思いなども聞け、勉強になる。

「日々の業務だけで手一杯なのに」という声も聞こえてきそうですが、何も動かず受け身の姿勢では、つながりは持てません。

多職種連携の観点だけでなく、BCP（業務継続計画）の作成で実感した人も多いと思いますが、災害時などにおいては、地域とのつながりが非常に重要になってきます。いざというときの備えとしても、できる範囲で"顔の見える関係づくり"を推し進めていきましょう。

> 2016年に発生した熊本地震を経験し、地域とのつながりの大切さを肌で感じました。当法人の訪問介護事業所付近は大きな被害はありませんでしたが、隣の区では多数の建物が倒壊し、応援に駆けつけました。
> 事業所もですが、利用者も地域とつながりがあるかどうかで、支援や安全確保の差が歴然でした。利用者の近所づき合いにまで関わるのは、かえってトラブルになることもあり難しいですが、その分、事業所がどれだけ地域の一員になれるかが重要だと思います。

| 第6章 | 他職種連携 |

様々な人や団体が
地域で利用者の生活を支えています

いろいろな組織、ボランティア団体、ＮＰＯ法人など、
他にも多くの人が地域のために活動しています。

民生委員

　厚生労働大臣から委嘱され、それぞれの地域において、常に住民の立場に立って相談に応じ、必要な援助をおこない、社会福祉の増進に努める。「児童委員」も兼ねている。ボランティアとして活動しており、任期は3年間（再任も可能）。

　介護や子育ての悩みを抱える人、高齢者や障害のある人などの身近な相談相手となり、支援を必要とする地域住民と行政や専門機関をつなぐパイプ役を務める。

地区社会福祉協議会（地区社協）

　地域の福祉課題や困りごとを、そこで暮らす自分たち自身の問題として受け止め、地域の関係機関や専門機関等と連携・協働しながら、誰もが安心して暮らせる福祉のまちづくりを推進することを目的とした住民主体の組織。

　自治会（町内会）、民生委員・児童委員、老人クラブなどの地域の諸団体、子ども会、福祉施設などの関係機関などの様々な組織、団体、個人などで構成される。

食生活改善推進員

　「私達の健康は、私達の手で　～のばそう健康寿命　つなごう郷土の食～」をスローガンに、食を通した地域の健康づくりを推進する、全国に協議会組織を持つボランティア団体。「食改さん」や「ヘルスメイト」などとも呼ばれている。

　地域住民に対し、生涯を通じた食育の推進、健康づくり活動を進めている。

老人クラブ

　地域を基盤とする高齢者の自主的な組織。仲間づくりを通して、生きがいと健康づくり、生活を豊かにする楽しい活動をおこなうとともに、その知識や経験を生かして、地域の諸団体と共同し、地域を豊かにする社会活動に取り組み、明るい長寿社会づくり、保健福祉の向上に努めることを目的としている。会員はおおむね60歳以上が対象。

Q53

ホームヘルパーに多職種連携を意識してもらうには、どういった取り組みをすればよいのでしょうか?

A 研修などを通して、他職種と接点を持つ機会を作ったり、地域包括ケアシステムを学んでもらったりしましょう。

日々のサービスを通して、「1人で訪問しているけれど、利用者を支えているのは自分1人ではない」と意識してもらえるのが理想的ですが、なかなか難しいようであれば、研修等を活用して取り組んでいきましょう。

●他職種に研修の講師を依頼する

地域包括支援センターの職員、ケアマネジャー、医師、薬剤師、看護師、歯科医師、リハビリ職（PT・OT・ST等）などに研修の講師をお願いしましょう。普段、接する機会がほとんどない専門職と対面するのは貴重な経験になります。

研修のテーマは何でも構いませんが、**「それぞれの専門性と訪問介護に求めること」****「求めるホームヘルパー像」**は必ず語ってもらい、"ともに利用者を支えているチームのメンバー"であることを、ホームヘルパーが実感できる内容がおすすめです。

●地域包括ケアシステムについて学ぶ

115ページで紹介している、「利用者を支えるおもなチームケアのメンバー」を把握してもらうのは大前提ですが、もう一歩進んで、「地域包括ケアシステム」とは何かを学んでもらうとよいと思います。より大きな視点で自分たちの役割や立ち位置を知ることで、様々な人との関わりを実感できるでしょう。

地域包括支援センターの職員に、このテーマで研修をお願いするのもよいかもしれません。YouTubeで「地域包括支援センター」と検索すると、多数の動画がアップロードされているので、それらを見て学ぶ機会を設けるのもおすすめです。

訪問介護の困りごとQ&A　126

第6章　他職種連携

地域包括ケアシステムの姿

病気になったら…

医療

■日常の医療
・かかりつけ医
・地域の連携病院
・急性期病院
・亜急性期・回復期
・リハビリ病院

介護が必要になったら…

介護

■施設・居住系サービス
・介護老人福祉施設
・介護老人保健施設
・認知症共同生活介護
・特定施設入所者生活介護 等

■在宅系サービス
・訪問介護
・訪問看護
・通所介護
・小規模多機能型居宅介護
・短期入所生活介護
・24時間対応の訪問サービス
・複合型サービス
　（小規模多機能型居宅介護＋訪問看護）等

■介護予防サービス

通院・入院　　通所・入所

住まい

・自宅
・サービス付き高齢者向け住宅 等

・地域包括支援センター
・ケアマネジャー

相談業務やサービスのコーディネートをおこないます。

いつまでも元気に暮らすために…

生活支援・介護予防

・老人クラブ
・自治会
・ボランティア
・NPO 等

※地域包括ケアシステムは、おおむね30分以内に必要なサービスが提供される日常生活圏域（具体的には中学校区）を単位として想定。

（参考：厚生労働省ホームページ）

Q54
地域の他の訪問介護事業所との連携も重要ですが、きっかけが難しいです。

A 「連携しなければ……」と考えずに、まずは"顔の見える関係づくり"を進めましょう。研修会場で接点を持つのが一番話しやすいと思います。

　すべての連携相手に共通することですが、連携の基本は"顔の見える関係づくり"です。「メールだけ」「電話だけ」では、関係を構築するのは難しいものです。

　接点を持つ機会はいろいろありますが、共通する利用者のサービス担当者会議、外部研修の会場などが一般的かと思います。特に最近の研修はワークショップも多いので、近くの席の人と話すチャンスがあるのではないでしょうか。

　研修終了後に、「最近、参加してよかった研修はありますか？」「ケアマネへの報告書、どうしていますか？」「利用者へのお知らせ文、どうしていますか？」など、日常業務で気になることを、ちょっと勇気を出して聞いてみましょう。意外と話が盛り上がることも多いと思います。

　もし、一度声をかけてうまくいかなくても、「今日はたまたま」と気持ちを切り替えて、再度チャレンジしてみてください。同じように「他の事業所の人とつながりたい」と思っている仲間がいるはずです。

　研修会場での声かけは、私もよく実践しています。研修に参加する目的の半分は、訪問介護に限らず、地域の様々な介護従事者（事業者）とつながりを持つため、といっても過言ではありません。
　また、当法人主催で研修を開催する際、近隣の事業所の方々にお声がけして、交流を図っています。「虐待防止」や「ヒヤリ・ハット」などのテーマは、第三者からの視点が参考になり、いろいろな意味でメリットが大きいと思います。

第6章　他職種連携

近隣の地域だけでなく、幅広く連携先を確保することも必要

　地域における連携と並行して、離れた場所の介護事業者とつながりを持つことも重要視されています。大地震など、大きな災害が発生すると地域全体が機能不全の状態になる場合もあります。そうなると、いくら地域での連携を強化しても協力体制を敷くのは非常に困難です。30年以内の発生確率が80％程度といわれている南海トラフ巨大地震などに備え、喫緊の課題といえます。

　とはいえ、ある程度の規模の法人であれば、各地に拠点があったり、他法人と結びつくきっかけがあったりすると思いますが、小規模または単体の事業所は難しいかもしれません。その場合、まずは地域の自治体を頼ってみましょう。

　多くの自治体では、自治体間交流に取り組んでいます。文化や地域特性など日常的な交流以外にも、「**災害時相互応援協定**」といって、大規模な災害が発生した際、同時に被災する可能性が少ない遠隔地の自治体同士で、物資の供給だけでなく、職員の派遣などもおこなう相互援助協定を結んでいる場合があります。自治体の担当者を通して、協定を結んでいる地域の担当者や介護事業者を紹介してもらってはいかがでしょう。

　もし、そういった交流や協定を結んでいなかったとしても、災害対策に興味のない自治体はないはずです。「いざというときに備えて、離れた場所の介護事業者と連携を図りたい」と伝えれば、何かしら相談に乗ってくれるはずです。行政の担当者と"顔の見える関係づくり"のきっかけにもなるのではないでしょうか。

「全国ホームヘルパー協議会」に入会しませんか？

　宣伝のようになってしまいますが、私が会長を務める「全国ホームヘルパー協議会」は、サービスの質の向上を目的とした研修会の実施や全国的な訪問介護事業に関する調査研究、広報活動等をおこなうホームヘルパー自身の組織です。

　ネットワークの強化にも努めており、地域はもちろん、全国の仲間と知り合える機会を創出しています。ホームページ（https://www.homehelper-japan.com/）で詳しい入会方法を紹介しています。ぜひご検討ください。

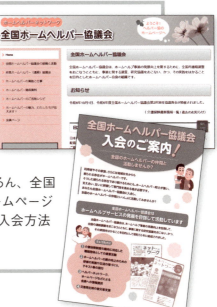

コラム②

行政の担当者とも
"顔の見える関係づくり"を

　介護保険制度は保険者（行政）の解釈が重要です。そう考えると、普段から保険者と顔の見える関係をつくることは、とても意義があると思います。

　サービス提供責任者が直接やり取りする、というのは少しハードルが高いかもしれませんが、管理者であれば可能でしょう。管理者を兼務されている人はぜひ行政との連携も密におこなってみてください。

　とはいえ、サービス提供責任者であっても、接点を持つきっかけはあるでしょう。例えば、自治体主催の集団指導などの際、その日のテーマはもちろんですが、他にも聞きたいことがあれば尋ねてもよいと思います。せっかくの機会ですから、有意義に活用しましょう。

● 日頃から連携すれば、運営指導も怖くない!?

　今回、本書では取り上げませんでしたが、「運営指導」も悩みの種としてよく挙がるテーマです。運営指導に関してはローカルルールも存在するため、あくまで一般的なケースについて述べますが、担当者は介護事業を管理する行政＝事業所指定権者の職員がおこないます。訪問介護の場合、基本的には各都道府県ですが、政令指定都市や中核市については、市や区がおこなうでしょう。指定された役所がおこなう場合もあります。

　"指導"とあるので、苦手意識や不安を抱える人が多いですが、必要な書類を用意し、担当者の指示通りに動けば問題になることはありません。質問されて、答えに詰まってしまっても、焦ることなく「確認していなかったので次から取り組みます」「わかりませんので後日対応します」などと伝えるか、もしくはせっかくの機会ですから、「どのようにすればよろしいですか?」と聞いてみるとよいと思います。

　日頃から行政とつながりを持っておけば、たとえ運営指導の担当者とは初対面であっても、緊張感や不安感が抑えられるのではないでしょうか。運営指導のために、というわけではありませんが、ちょっと勇気を出して、行政の担当者とのコミュニケーションも増やしていきましょう。

第7章

人材確保

"訪問介護事業における課題の
すべてに関係している"といっても過言ではないテーマです。
求人の工夫も重要ですが、
「自分たちの仕事の魅力を発信していくこと」が求められています。
繰り返しになりますが、1人ひとりがプライドを持って
支援をおこないましょう。「人」にしかできない
介護の仕事はカッコイイです!

Q55

求人をしても応募がありません。
募集方法や求人の際に記載すべきことなど、
応募が増える方法が知りたいです。

A 給与や福利厚生も必要ですが、根底にある
「働きがい（やりがい）」を伝えることができなければ
採用から定着につながらないのではないでしょうか。

　人手不足は介護業界にとって長年の課題です。現在は他業種も人材難ですから、この苦境は続くことでしょう。SNSの活用、賃金アップ、働きやすい職場環境づくりなど、様々に取り組むべきことがあると思います。最近では面接の際に、

「ノーリフティングケアを実施している事業所なのか？」

「デジタル化はどこまで進んでいるのか？」

といった質問をされることも増え、求職者の検討項目として重視されていることを実感します。どちらも、「では明日から」とすぐに対応できることではありませんが、今いるスタッフの働きやすさにもつながるため、未対応であれば推し進めていきましょう。

　募集方法は求人サイトが主流ですが、地域や年代によっては、紙のチラシや求人ポスターが有効な場合もあります。どういった媒体であっても、肝心なのはその中身でしょう。そこで、以下のような取り組みをおすすめします。

●他事業所の求人ページ（チラシ等でも）を見て、意見交換

　パソコンやスマホから簡単に他事業所の求人ページを見ることができます。そこで、よいと思ったものを持ち寄り、複数人で話し合いましょう。

「1日の仕事の流れが載っていてイメージしやすい」

「"デジタル担当のスタッフがイチから教えます"は安心感がある」

「全体的に他社より情報がたくさん書いてあり、印象がよい」

など、そこで挙がった意見を自事業所でも取り入れていくとよいでしょう。

訪問介護の困りごとQ＆A

年齢や働き方（常勤・非常勤）によっても視点が変わるので、ホームヘルパーの声も積極的に聞きましょう。例えば、研修の際に10分ほど時間を取り、いくつか選んだ他事業所の求人ページを見てもらって意見を求める程度なら、無理なく実践できるのではないでしょうか。

●公式サイトやSNSで事業所の情報を公開

求人サイトやチラシで「いいかも」と気になったら、事業所名をネット検索し、さらに情報を求める人が多いでしょう。現代では、検索して公式サイトや公式SNSが何も出てこないと不安になるほど、サイトやSNSの存在価値が大きくなっています。

とはいえ、勢いだけでサイト等を立ち上げて、「最終更新が2年前」のような状態になってしまうと、逆に不信感を与えかねません。やるからには、運用ルールをつくって始めましょう。コストや人員的に難しい事業所は、せめて介護サービス情報公表システムに掲載する情報を充実させ、更新も忘れないようにしてください。

こういった取り組みはもちろん大切ですが、応募が増えて採用に至っても、定着につながらなければ同じことの繰り返しです。賃金、環境など条件面の「働きやすさ」だけではなく、重要なのが「働きがい」を伝えることです。

「働きがい」の感じ方は個人差が大きく、難易度が高いサービスを担当することで感じる人もいれば、利用者からの感謝の言葉にグッとくる人もいます。現状、介護職の多くは「働きやすさ」よりも「働きがい」で選んでいる人が多いと思います。そのことを理解して魅力を発信しましょう。

そこで、まずは**今、働いている1人ひとりが誇りを持って仕事をすることが大事**です。専門性に磨きをかけようと頑張っている人、自分の存在意義を発揮しようと努力している人、苦境にあっても前を向き続ける人、常に周りを気遣う人……。そのような人は他者からキラキラして見えるはずです。

「こんな事業所で働きたい」と思ってもらえる魅力は、いつもの業務にあることを忘れないようにしましょう。

Q56

求人にコストがかかりすぎて
困っています。あまりお金をかけずに済む
求人方法はありますか?

A ホームヘルパーになったきっかけとして「友人や知人
からの紹介」は多く聞かれます。"紹介を増やす" を
求人活動のひとつとして強化しましょう。

　求人広告など、ある程度コストをかけることで応募が増える可能性はありますが、
「費用対効果が見合わない」という声をよく聞きます。生産年齢人口が減少する中で、
公定価格の範囲でやりくりする介護業界が、他業種との人材争奪戦において劣勢なの
は間違いありません。

　よって、どこにコストをかけるかは、とても重要です。これまでの経験や様々なアン
ケート結果から、ホームヘルパーになったきっかけとして「友人や知人からの紹介」を
挙げる人は多いです。

　ですから、いわゆる「お友達紹介キャンペーン」を実施するのはひとつの手でしょう。
求人広告費に何十万円もかけるよりは、成果に対してお金をかける堅実なやり方とも
いえます。当法人でも、入職した人と紹介した人それぞれに最大10万円を半年後の賞
与の時期に支給しています。

　とはいえ、今働いている人が自分の職場に魅力を感じなければ成り立たないので、
賃金アップや働きやすい環境をつくることは必須です。「働きたい」と思える職場づく
りについては、Q59で詳しく紹介します。

訪問介護の困りごとQ&A　　**134**

| 第7章 | 人材確保 |

Q57

人手不足のため、「少し向いていないかも」
と思っても、採用したい気持ちが強いです。
「これさえ大丈夫ならば」という
見極めポイントはありますか?

A 「理念」に共感できる人であるかを確認しましょう。

　事業所の理念や方針等に共感している人なら大丈夫ではないでしょうか。管理者が直接対面で説明した方が伝わるものです。とはいえ、時間を守れない人や言葉が強い人（口調が荒い人）は「向いていない」と思います。

　ホームヘルパーには高い倫理観が求められます。残念ながら、全国ではホームヘルパーが窃盗で逮捕されるといった事件が後を絶ちません。個人宅を訪問するため、「尊厳」「接遇」「倫理」については高い意識が必要です。

　これらは研修によってある程度は徹底できるかもしれませんが、理念に共感できない等、そもそも一緒に働く意義が見いだせない人の場合は、採用を見送る方が無難です。時間を守る、ルールを守る、挨拶をするなどの基本的なことができるかどうかは面接で確認しましょう。

　通常、面接の場では、自分をよく見せようとするはずなので、その時点で言葉が強かったり、挨拶を含め受け答えに難があると感じられたりするのであれば、採用後に改善できるかというと、厳しいかもしれません。

　どちらにせよ、1人で判断せず、同僚などに相談してはいかがでしょうか。できれば最初から複数（あまり大勢でも相手を威圧してしまうので2〜3名が理想）で面接に立ち会い、多くの目で判断する方がよいでしょう。採用となったら十分な教育期間を確保しましょう。

Q58

「見落としがちだけど、ここを面接時に確認すべき」ということを教えてください。

A 訪問介護のデメリットもしっかり説明して、納得してもらえるかを確認した方がよいでしょう。

Q57で触れた通り、事業所の理念や方針に共感できない人は長続きしません。結果的に利用者の迷惑になりますので、採用しない方がよいでしょう。

また、訪問介護のデメリットもしっかり伝えましょう。登録やパート勤務であれば、

- 高齢者（利用者）は入院も多く、仕事量（収入）が安定しない。
- すぐに〇件訪問したいと思っても、通常は新規依頼があっての担当制なので、件数が増えるまで少し時間がかかる。
- 研修等で事務所に来てもらうことがある。

などは必ず説明してください。他にも自家用車を使ってもらう、自分のスマホを使ってもらうなど、事業所によって様々あると思います。雇用形態によっても異なるため、必要事項を整理しておくことをおすすめします。

Q59

定着率を上げるために、どのような取り組みをすればよいのでしょうか?

A 少しでも長く働いてもらいたい思いを様々な形で表すことが大切です。

誕生日プレゼントを贈ったり、記念日の特別休暇を創設したり、といった福利厚生だけでなく、キャリアプランや評価制度、日々のコミュニケーションも重要です。137ページから紹介する"インターナルサービス"という考え方も注目されています。

訪問介護の困りごとQ&A　136

第7章　人材確保

監修／大場勝仁

「働きたい」と思える職場づくりにはどんなことが必要？

　訪問介護に限らず、介護業界では「人手不足」が長年の課題となっています。

　解消するには「採用」が一番の近道といえますが、他の産業でも人手不足は深刻でかなり競争が厳しいのが現実です。

　そうした中、各事業所の管理者やサービス提供責任者のみなさんは、今、働いている人の離職を防ぎ、高いモチベーションで業務に励めるよう、様々な取り組みをおこなっていることでしょう。

　実際、右記に挙げたように、おもな離職理由を見てみると、介護の仕事そのものへの不満などよりも、職場環境に関連する理由が上位であることがデータでも示され、職場づくりの重要性が見てとれます。

データで見てみよう

訪問介護員の離職理由

公益財団法人介護労働安定センターの調査では、離職経験者のうち、直前職が介護関係の仕事であった訪問介護員に直前職をやめた理由をたずねたところ、以下のような理由が上位にあがっています。

■直前職（介護関係の仕事）をやめた理由（上位5位）

職場の人間関係に問題があったため	34.3%
法人や施設・事業所の理念や運営のあり方に不満があったため	26.3%
他に良い仕事・職場があったため	19.9%
収入が少なかったため	16.6%
自分の将来の見込みが立たなかったため	13.2%

出典：公益財団法人介護労働安定センター「令和5年度介護労働実態調査 介護労働者の就業実態と就業意識調査　結果報告書」

各事業所の「働きたい」と思える職場づくりの取り組み例

- 正当な評価をするための制度
- キャリアアップのための制度
- スキルアップのための研修
- 労働環境の整備
- 職場内の人間関係づくり
- 福利厚生の充実

これらの取り組みが「うまくいっていない」「もっといい方法が知りたい」という事業所に、ぜひ知っておいてもらいたい視点があります。

それが **インターナルサービス** です

訪問介護の困りごとQ＆A

インターナルサービスの視点を取り入れてみよう

従業員の満足度を高めるサービスとは?

インターナルサービスを簡単に説明すると、「従業員の満足度を高めるためにおこなうサービス」です。そう言われると、福利厚生や給与などをイメージする人が多いのではないでしょうか。「それは経営者や管理者によるところが大きく、自分たちができることではない」と思うかもしれませんが、それだけではありません。

例えば、相談された時に親身になって考える、難しいケースを担当したホームヘルパーに感謝を伝える、といったことも満足度につながります。

ここで紹介する2つの「実践例」を含め、既におこなっている人も多いかもしれませんが、改めて事業所全体で「インターナルサービス」と意識して実践すると、お互いを大切にし合う職場であることが浸透していきます。

> **インターナルサービスという用語について**
>
> ビジネス用語としては、一般的に「インターナルマーケティング」と呼ばれる考え方ですが、ここでは、よりイメージしやすいように、インターナルサービスと呼んでいます。「インターナル」は、英語で「内部の」という意味です。

実践例 1　日頃の会話にちょっとした一言をプラス

これから訪問に向かうホームヘルパーへ「いってらっしゃい」の後「気をつけて」をプラス、訪問から帰ってきた時「おかえりなさい」の後に「寒い中、お疲れ様」をプラスなど、従業員を思いやる言葉がけもインターナルサービスといえます。

訪問介護の困りごとQ&A

第7章　人材確保

実践例2　今の仕事に限らず「この先どうなりたいか」を聞き、一緒に考える

常勤・非常勤にかかわらず、今後の夢やビジョンについて、話し合う場を持つことをおすすめします。事業所としては優秀な人材には、「長くここで働いて欲しい」と思うのは当然ですが、誰しも永遠に働ける訳ではありません。

1人ひとりの"これから"を聞き、サポートすることは、その人の成長ややりがいにつながるインターナルサービスのひとつといえます。

「今の事業所（会社）で、こうなりたい、こんなことがしたい」というビジョンや挑戦も含みます。「排泄介助がもっとうまくなりたい」であれば、希望を聞いて訪問先を変更する、個別研修を組んでみるなど、様々なサポートが考えられます。

「仕事の達成感」と「人間関係」どちらに満足度を感じる?

インターナルサービスのキーワードでもある「満足度」ですが、「どんな時に仕事への満足度を感じますか?」という質問に、あなたならなんと答えますか?

何に満足度を感じるのかは、その人の考え方や性格などによって様々ですし、漠然としたイメージを持っている人も多いのではないでしょうか。

そこで、参考になるのが「動機づけ要因」と「衛生要因」という考え方です。

動機づけ要因
＝仕事の 満足度 に影響するもの
- 達成感　・昇進や昇格　・自己成長
- 承認　・責任

衛生要因
＝仕事の 不満足度 に影響するもの
- 給与　・福利厚生　・職場の人間関係
- 労働条件　・経営方針

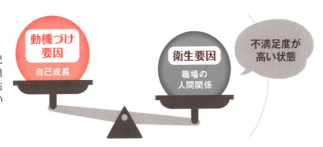

例えば……
訪問介護という仕事に自己成長を感じていても、職場の人間関係が悪ければ、右図のように、バランスが悪い状態になってしまう。

「動機づけ要因」と「衛生要因」のどちらに比重を置いているかは人によって違うものの、いかにこの2つの要因をバランスよく満たすことができる職場であるかが、大切になってきます。

> 人手不足で悩んでいる事業所の皆さん！

面接や求人の段階からインターナルサービスを取り入れてみませんか？

インターナルサービスは「従業員の満足度を高めるためにおこなうサービス」ですが、これから一緒に働く可能性のある人に向けても、この考え方を応用できます。

❶ 面接時

自分がこれから面接を受ける立場になって、以下の状況を想像してみてください。

- 面接に行くと、担当者が不在。他の人は面接の予定を把握しておらず、しばらく待たされた後、慌てて担当者がやってきた。
- 面接室に通されたが、電気がついておらず暗く、真夏なのに冷房がついていなかった。机の上も片付いていなかった。

はたして「ここで働きたい！」と思えるでしょうか。せっかく自分たちの事業所に興味を持って頂いたのに、これではマイナスの感情を抱かれてしまうかもしれません。

\ こんな工夫をしてみよう /

- 気温に合わせてエアコンをつけ、快適な室温に
- 電気は事前につけておく
- 室内（備品）はきちんと整えておく
- メッセージカードを設置
  （〜様、今日は面接に来てくださってありがとうございます。〜部）

応募者側が、複数の事業所の中から「よりよい事業所を選んでいる」という意識を忘れずに！

❷ 求人広告

求人広告を出す際にもインターナルサービスは始まっています。「情報量を増やす」というものです。

右記に挙げたように、求人を見た人が「自分が働いている様子」をイメージできる情報を掲載すると、他の事業所との差別化が図れます。就業後のミスマッチ予防にも有効です。

具体的にどんな情報が書かれているとイメージしやすいか、事業所のホームヘルパーにインタビューしてみるのもいいでしょう。

\ こんな工夫をしてみよう /

よくある求人広告
「週1日、1時間からOK」という文言のみ

インターナルサービスな求人広告
具体的なタイムスケジュールを掲載する

例 パート勤務のAさんが、毎週水曜日の9時半〜12時半に働く時の流れ。写真やイラストを盛り込むとよりよい。

※「始業時には事業所に寄らず、支給されたスマートフォンで連絡する」など、実際の行動も細かく記載する。

番外編　退職理由から、事業所に足りないものがわかることも

スタッフの退職の裏には、様々な事情がありますが、話が聞ける関係性を築けている人には、退職理由を詳しく聞いてみましょう。その理由の中に、インターナルサービスに関連するものがあるはずです。改善ポイントを見つけるきっかけになります。

第7章　人材確保

Q60
訪問介護の魅力度向上の取り組みが重要視されています。実際にどのようなことがおこなわれているのでしょうか？

A
若い世代へのPRとして学校を訪問したり、発信できる介護職の育成をおこなったりと、様々な活動が全国各地でおこなわれています。

　介護職員等処遇改善加算の職場環境等要件「入職促進に向けた取組」のひとつに「職業体験の受入れや地域行事への参加や主催等による職業魅力度向上の取組の実施」が示されたように、国をあげて介護の魅力発信が叫ばれています。パソコンやスマホで「介護　魅力発信」などと検索すると、行政の情報を中心に様々な取り組みや情報を入手できるので、調べてみてはどうでしょう。
　以下におすすめの情報や当法人の取り組みを紹介します。

介護の仕事　魅力発信ポータル「知る。わかる。介護のしごと」
https://kaigonoshigoto.jp/

その名の通り、介護の仕事の魅力ややりがいを広く発信しているサイトです。

- 「介護の仕事」の種類や将来性・キャリアパス
- 介護現場で働く人やこれから介護職を目指す人のインタビュー
- 現役介護職員による魅力発信の取り組み
- 介護に関するマンガ・書籍・映像作品の紹介
- 各都道府県の魅力発信の取り組み

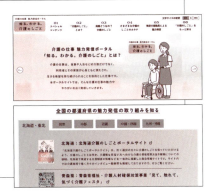

など、現役の介護職が見ても役立つ情報が満載です。

福祉系高校の生徒に訪問介護について講義

　高齢化率が全国平均よりも高い熊本県は、介護人材不足が深刻で、福祉系高校の定員割れも問題になっています。そこで、訪問介護の魅力を伝えるべく、熊本市社会福祉事業団が2019年から学校に赴き、講義をおこなっています。

　今後は小学生や中学生に向け、児童や生徒の思い出に残るような介護の体験・調査学習などを提案し、介護職への関心や地元での就労意欲を高める活動を目指しています。

高校生の前で、講義をおこなう監修の田尻さん。

「KAiGO PRiDE」プロジェクトに参加
https://kaigopride.jp/

　厚生労働省主導のプロジェクトから誕生し、現役介護職の真実の声を核にしたコンテンツで介護の魅力を全国に発信しています。ポートレート撮影やその展示、トークショーなど多様な活動で魅力発信に取り組んでいます。

　特に今、注力しているのが「発信できる介護職（アンバサダー）の育成」です。現役介護職を対象とした全国規模のワークショップで、参加者が情報発信スキルを磨き、介護の魅力や重要性を社会に伝えるアンバサダーとして活躍することを目指しています。2024年だけで全国で150名以上を養成しました。参加することで、自分たちの仕事への誇り、満足度も上昇しています。

※KAiGO PRiDEの情報は、介護の仕事　魅力発信ポータル「知る。わかる。介護のしごと」にも掲載されています。

想定の2倍の応募があり、現地参加できなかった方向けにオンライン養成研修会も実施しました。

巻末資料

説明時のポイント

資料の有効活用のために

各章で紹介した資料の中で、
利用者や家族へのお願いに関するものについて、
「説明時のポイント」をまとめました。
資料の内容に付け加えて伝えることで、
利用者や家族の理解度が高まったり、
納得してもらいやすくなったりします。
ぜひお役立てください。

資料1　ホームヘルパーは「介護の専門職」（11ページ）

ご利用の前に……

ホームヘルパー ＝ **家政婦（夫）**
（訪問介護員）
ではございません。

訪問介護は、40歳以上の国民が納めている介護保険料と税金をもとに
運営されている**介護保険制度に準ずる福祉サービス**であることをご理解ください。

ホームヘルパー（訪問介護員）は**介護福祉士等の資格**を保有し、
ご利用者様のご自宅での自立した生活を支えるべく、
自立支援という専門性をもって、サービスをおこないます。

ホームヘルパー（訪問介護員）は、調理や掃除などの生活援助、
入浴やトイレ介助などの身体介護を通して、ご利用者様の心身の状況、生活環境、
ご不安に思われていることを把握し、適切にケアマネジャー等の関係機関へ
報告することで情報の共有をおこないます。

ホームヘルパー（訪問介護員）のサービスを受けるにあたっては、
介護保険制度により定められているルールがあることをご理解ください。

説明時のポイント

　介護の専門職であり、介護保険制度に準ずる公的なサービスだと伝えても、理解してもらえないことがあります。
　その場合、「ご家族の付き添いで病院を受診した際、診察室で『ついでに私も診て』とはいきませんよね」などと話すと、納得してくださることが多いです。
　お子さんやお孫さんがいらっしゃる方には、「『ついでに』のサービスが増えると、介護保険料が増額し、自分の子どもや孫にしわ寄せがいく。それでも本当に必要か?」を自問自答してもらうと理解を得やすくなります。

訪問介護の困りごとQ&A　　**144**

巻末資料

資料2-1　ホームヘルパーができないこと①（13ページ）

直接ご本人の援助に該当しない行為はできません。

ホームヘルパーは、介護保険制度に準じて訪問しています。そのため、介護保険制度の要介護認定を受け、要支援もしくは要介護と判定され、当事業所と契約を結ばれた**ご利用者様にのみ**、サービスをおこなえます。

※**ご利用者様以外のご家族様**へのサービスは制度上、不適切とされ、**できません**。ご理解をお願いいたします。

（例）
ご利用者様の居室の掃除　等
できます

ご利用者様**以外のご家族様**の居室の掃除　等
できません

ご利用者様分の買い物・料理　等
できます

ご利用者様**以外のご家族様**の買い物・料理　等
できません

ご利用者様と**ご家族様の共有スペース**の掃除、または**共有する買い物、料理**　等
条件次第ではできますが、基本的にはできません △

条件とは
ご家族様が障害、疾病などにより家事をおこなうことが困難で、ケアマネジャー等が開くサービス担当者会議等で検討され、必要と判断された場合。もしくは自費サービスのご契約者様。

説明時のポイント

「直接ご本人の援助に該当しない行為」は、後々、大きなトラブルにつながりやすいです。できるだけ時間を割いて、ここに示した例をひとつずつ読み上げ、「これはできる」「これはできない」と説明します。
　また、できるかできないか確認が必要な行為については、依頼されても、ホームヘルパーはその場では判断できないので、サービス担当者会議などで話し合うことを利用者や家族に明確に示し、トラブル予防につなげています。

資料2-2　ホームヘルパーができないこと②（14ページ）

「日常生活の援助」に該当しない行為はできません。

大掃除・模様替え・窓拭き等は
日常的におこなわれる家事の範囲を超える行為にあたります。

「日常生活の援助」とは
ご利用者様の日々の生活において、日常的に必要な援助を指します。大掃除・模様替え・窓拭き等は該当しません。エアコンのフィルター掃除やカーテンの付け替え等もできません。ご理解をお願いいたします。

その他
「日常生活の援助」に該当しない行為の例

✕ペットの世話　✕車の洗浄　✕花木への水やり　✕草むしり

✕正月や節句等の特別な調理　✕踏み台を使う照明器具の交換　✕植木の剪定等の園芸　✕来客対応

注：「日常生活の援助」に該当しない行為はこの限りではございません。上記以外の援助につきましては、事業所にお問い合わせください。

説明時のポイント

「日常生活の援助」の基準は人によって様々です。ここで「できない」と示していることも、「日常的に自分でおこなっていた」として、訪問介護での対応を希望する利用者もいます。
　その希望に理解を示しつつ、例えばエアコンのフィルター掃除を頼まれた場合なら、「高所での作業は、無理な姿勢からの物損事故も想定されるため、専門業者に依頼してもらえますか？」など、理解していただけるように話しています。

> 通常のサービス提供における人身事故・物損事故については、損害賠償保険に加入している旨を、契約書・重要事項説明書でも改めて説明しています。

資料2-3　ホームヘルパーができないこと③（15ページ）

医療行為にあたる行為はできません。

ホームヘルパーは、医療行為や療養上の世話・診療の補助はできません。

（例）
注射、褥瘡（床ずれ）の処置、摘便、巻き爪など変形した爪の爪切り、医師の処方によらない医薬品を使用した介助　等

ご家族様がされている医療行為でも、ホームヘルパーはできません。

医療行為にあたらない行為の例

- 体温測定
- 血圧測定
- パルスオキシメーターの装着
- 軽微な切り傷、すり傷、やけどなどの処置
- 爪切り（巻き爪は不可）
- 口腔ケア
- 医薬品（一包化された内用薬や軟膏、湿布、点眼薬など）の使用の介助
- 耳掃除
- 市販の浣腸器を用いた浣腸

※ただし、軟膏塗布、湿布貼付、点眼（目薬）等を含め、いずれの行為も医師や歯科医師、薬剤師、看護師の指導や助言を要します。

一定の条件のもと、できる医療行為もあります

- たんの吸引　等

一定の条件とは
所定の研修を修了し、事業者も登録特定行為事業者として登録済みであること等が必要となります。

説明時のポイント

「医療行為にあたる行為、あたらない行為」もトラブルになりやすいので、国で定められていることを最初に伝えます。できる行為であっても、利用者や家族の意向や同意が必要であることも話します。

説明時のポイント

「家族はやっているのに、なぜできないんだ」というクレームは起こりがちです。最初に伝えておくことが、トラブル予防として非常に重要です。

説明時のポイント

湿布を貼ったり、点眼薬をさしたり、といった行為は、誰がやってもよいと思われがちです。ケアプランに入っていなければ、ホームヘルパーにはできないことを伝えています。

資料2-4
ホームヘルパーができないこと④【買い物編①】（16ページ）

ホームヘルパーは、ご利用者様分の買い物しかできません。

ホームヘルパーは、**介護保険制度**に準じて訪問しています。介護保険制度の**要介護認定**を受け、**要支援もしくは要介護**と判定され、当事業所と**契約を結ばれた方**のみへのサービスとなりますので、上記に含まれない方へのサービスは、同居のご家族様であってもできません。ご理解をお願いいたします。

※買い物に行くことだけが困難な場合は、スーパーやコンビニ等が実施している、配達サービスのご利用をおすすめします。ご自身で商品を選び、お金のやり取りをすることで、認知症予防にもつながります。

買い物支援では、お酒、たばこ、市販薬は購入できません。

ホームヘルパーが生活援助としておこなう買い物支援では、「**日常生活において必要最低限のもの**」と決められています。**お酒やたばこ等**は**嗜好品**であるため、ホームヘルパーが購入することはできません。
市販薬は、病院の処方薬との飲み合わせにより重篤な状況を招く可能性もあることから、一般的に不適切とされています。当事業所においても購入はできないことになっております。ご理解をお願いいたします。

説明時のポイント

改めて「介護保険サービスは利用者個人との契約であるため、本人以外の分は購入できない」と、制度としてできない旨を伝えると理解を得やすいです。

説明時のポイント

制度として購入できないことはもちろん、「市販薬は処方薬との飲み合わせで、重篤な状態を招く危険性があるので」と、理由もきちんと説明します。

訪問介護の困りごとQ&A　146

巻末資料

説明時のポイント

範囲が明確で、利用者や家族も判断しやすいため、当法人では「学区内」としています。「みそは隣町のスーパーで買っていた」という場合は、近隣のお店に取り寄せを依頼したり、配達サービスを利用したりできることを伝えています。

説明時のポイント

「買い物してから訪問して」という依頼に対するトラブル防止として、「体調管理や環境整備もホームヘルパーの仕事。ご利用者様の体調などを確認せずに、物を購入できません」と付け加えています。

説明時のポイント

「落として割ってしまうといけないので」「トイレットペーパーを3パック買ったら、持つのが大変なので」など、具体的な事例を出しつつ、「事故の原因にもなるので、ご協力ください」とお願いします。

説明時のポイント

特に誤解が生じやすいのは、トイレや浴室など、家族全員が使う共用部分です。繰り返しになりますが、「介護保険制度は、契約している利用者へのサービス。家族も使う共用部分の掃除はできない」ということをはっきり伝えます。

説明時のポイント

「私たちは、ご利用者様の在宅生活を支えるために訪問している介護の専門職です。掃除が一番の目的ではないことをご理解ください」と付け加えています。

資料2-5
ホームヘルパーができないこと⑤【買い物編②】（17ページ）

買い物支援では、遠方の店舗には行けません。

ホームヘルパーが**買い物支援で行くことのできる店舗の範囲**は、当事業所では**学区内**としております。もし、ご利用者様の求める商品が店舗になかった場合は、代替品の購入を依頼していただくか、店舗に取り寄せを依頼していただくよう、お願いいたします。

※店舗によっては配達サービスをおこなっていますので、ご活用をお願いいたします。

買い物支援では、ホームヘルパーが代金を立て替えることはできません。

ホームヘルパーは、ご利用者様宅を訪問し、買い物の有無を尋ね、代金をお預かりしてから買い物に向かいます。訪問前に買い物に行き、ホームヘルパーが**代金を立て替えて**、購入してからご自宅を訪問することはできません。ご理解をお願いいたします。

ホームヘルパーが持てる量の買い物をお願いします。

ホームヘルパーは1人ひとり移動方法が異なります。車、バイク、自転車と様々です。**事故の原因になるような大量もしくは重量のある買い物**はできません。ご利用者様の良識のあるご判断をお願いいたします。

資料2-6
ホームヘルパーができないこと⑥【掃除編①】（18ページ）

ホームヘルパーは、ご利用者様分の掃除しかできません。

ホームヘルパーは、**介護保険制度**に準じて訪問しています。介護保険制度の**要介護認定**を受け、**要支援もしくは要介護**と判定され、当事業所と**契約を結ばれた方のみ**へのサービスとなりますので、上記に含まれない方へのサービスは、同居のご家族様であってもできません。ご理解をお願いいたします。

ホームヘルパーは、プロの清掃業者ではありません。

介護保険制度上、ホームヘルパーがご利用者様宅でおこなう掃除支援は**「日常生活の援助」**になります。**大掃除や窓拭き等**は、この「日常生活の援助」には**該当しません**。その他、**プロの清掃業者がおこなうような専門的な掃除**もできません。

（例）
・コンロの油汚れをキレイに取り除く
・冷蔵庫の中身を出して、キレイに拭く
・床にワックスをかける
・特殊な洗剤で水まわりを磨く　等

※自費サービスにてご相談いただくことはできますが、ホームヘルパーは清掃のプロではありませんので、本格的な清掃を希望される場合は清掃業者への依頼をおすすめします。

資料2-7
ホームヘルパーができないこと⑦【掃除編②】（19ページ）

ホームヘルパーは、掃除道具を持参することはできません。ご利用者様宅のものを使用させていただきます。

掃除に使う道具は<u>ご利用者様のご自宅にあるもの</u>を使用させていただきます。
ご自身で掃除道具を揃えることが難しい場合は、ホームヘルパーが買い物代行して準備することも可能です（道具によっては対応できないものもあります）。

※床の雑巾がけはホームヘルパーにとっても腰に負担が大きいため、フロアワイパー等のモップの購入をご検討いただけますと幸いです。

> **説明時のポイント**
> プロの清掃業者と同じように、「ホームヘルパーは掃除道具を持ってくるもの」と思っている利用者や家族が少なくないため、この項目を入れました。「ホームヘルパーが身に着けるエプロンなどは持参します」と伝えています。

ペット関連の掃除や世話はできません。

介護保険制度上、<u>ペットに起因する汚れの清掃やペットの世話は支援内容には含まれておりません</u>。ペットの毛が抜けて絨毯等についている場合に、掃除機でほこり等と一緒に掃除することはあっても、基本的に<u>ペット関連の掃除はできません</u>。

（例）
・ペット用トイレシートの交換
・ペットがこぼしたエサまわりの片付け
・絨毯についたペットの毛取り　等

糞尿の処理、エサやりもできません。
ご理解をお願いいたします。

> **説明時のポイント**
> サービスが始まってから「ペットに関する掃除や世話はできない」と伝えると、「やってくれると思っていたのに」と不満が生じやすいです。最初に「制度として、できない」と話すと、ほとんどの方が理解してくれます。

資料2-8
ホームヘルパーができないこと⑧【掃除編③】（20ページ）

ホームヘルパーは、<u>車の洗浄、庭の草取り、植木の剪定、水やり等はできません。</u>

これらは「日常生活の援助」には含まれません。ご家族様がおこなうか、専門業者のご利用をお願いいたします。

※自費サービスにてご相談いただくことはできますが、介護保険制度上のサービスが主となるため、状況によってはお受けできない可能性があります。専門業者や自治体が実施するシルバー人材センター等をご利用いただく方法もありますので、ご担当のケアマネジャーにご相談ください。

> **説明時のポイント**
> 庭の草取りや水やりは問い合わせが多く、トラブルになりやすい項目です。
> 「訪問介護サービスは、居宅における支援が原則なので、庭など、家の外のことはできない」と、できる範囲を明確に話すと理解を得やすいです。

ホームヘルパーは、<u>ご利用者様ができない部分のお掃除を</u><u>お手伝いさせていただきます。</u>

ホームヘルパーは、ご利用者様がご自分ではできず、日々<u>お困りの部分</u>のみお手伝いができます。できる部分をホームヘルパーがしてしまうと、<u>自立支援を阻害</u>してしまいます。
認知症予防、身体機能の維持のためにも、ご自身でできていらっしゃる部分は、継続しておこなってください。

> **説明時のポイント**
> 「ご自身で掃除することが在宅生活の継続につながります」「サポートしますので一緒にやりましょう。できるようになると、自信がつきますよね」など、利用者自身が掃除する大切さを伝えると、納得してもらいやすいです。

巻末資料

資料2-9
ホームヘルパーができないこと⑨【掃除編④】（21ページ）

説明時のポイント

サービスに入った当初は問題がなくても、徐々に自分でゴミ出しができなくなる利用者は比較的多くいます。そのため、最初に説明するようにしています。
「持ち帰れません」だけでなく、「状況に応じて、訪問日時をゴミ収集日に合わせることも可能です」と付け加えています。

ホームヘルパーは、ご利用者様宅のゴミを持ち帰って捨てることはできません。

収集日にゴミを出せなかった場合は、**別の指定日に捨てる**ことになりますので、ニオイ対策として、**フタ付きのゴミバケツ**の購入のご検討をお願いいたします。

※自治体によっては、収集場所にゴミを出すことが困難な世帯に対し、支援をおこなっています。ご希望がありましたら、ご担当のケアマネジャーにご相談ください。

フタ付きのゴミバケツ

説明時のポイント

「分別していないゴミを出すと苦情が入り、ご利用者様にも迷惑がかかってしまうので」と伝え、協力をお願いしています。

ゴミの分別は、各自治体の決まりを守らせていただきます。ご利用者様も分別へのご協力をお願いいたします。

ホームヘルパーは、ご利用者様が難しい場合は、ゴミ出しの支援をすることもできます。その際、各**自治体で決まっている曜日や分別方法でしか出せません**。
ご利用者様におかれましても、日頃から**ゴミの分別**へのご協力をお願いいたします。

資料2-10
ホームヘルパーができないこと⑩【調理編①】（22ページ）

説明時のポイント

「介護保険制度は、税金を使う公的サービスなので、『ついでに』『家族の分も』はできません」と伝えるとともに、「○○さんが、ご家族の料理を作るときの支援はできます。リハビリに取り組み、ご自分で調理ができるように頑張りましょう」など、"ともにおこなう"支援についても説明しています。

ホームヘルパーは、ご利用者様分の調理しかできません。

ホームヘルパーは、**介護保険制度**に準じて訪問しています。介護保険制度の**要介護認定**を受け、**要支援もしくは要介護**と判定され、当事業所と**契約**を結ばれた方のみへのサービスとなりますので、上記に含まれない方へのサービスは、同居のご家族様であってもできません。ご理解をお願いいたします。

ホームヘルパーは、プロの料理人ではありません。

説明時のポイント

「日々の家庭料理レベル」は、限られた時間内で作れる"簡単な調理"という意味であることを伝えています。「カレーは市販のルーを使用します」など、具体例を挙げています。

ホームヘルパーがご利用者様宅でおこなう調理支援は、**一般家庭における「日々の家庭料理レベル」**になります。手間のかかる料理や多国籍料理等は「日々の家庭料理」には該当しません。また**正月料理（おせちなど）等の行事食**も調理できません。

※料理におけるご利用者様の常識と個々のホームヘルパーの常識が異なる場合があります（調味料や調理手順など）。ご自身の好みや調理法はホームヘルパーにしっかりお伝えください。

最近は食事の配達サービスが増加しています。ホームヘルパーができない手の込んだ料理や正月料理などの行事食に加え、より専門的な栄養を考えた食事をご希望の場合は、各種デリバリーサービスや宅配弁当のご利用をおすすめします。

資料2-11
ホームヘルパーができないこと⑪【調理編②】（23ページ）

ホームヘルパーは、調理道具を持参することはできません。ご利用者様宅のものを使用させていただきます。

調理に使う道具は**ご利用者様のご自宅にあるもの**を使用させていただきます。
ご自身で調理道具を揃えることが難しい場合は、ホームヘルパーが買い物代行して準備することも可能です（道具によっては対応できないものもあります）。

※ホームヘルパーの時間は限られています。サービスを円滑におこなうため、スライサーや電子レンジ等を優先的に使って、時間の短縮をすることがあります。ご理解をお願いいたします。

> **説明時のポイント**
> 「ホームヘルパーは調理道具を持ってくるもの」と思っていた利用者や家族がいたため、念のために伝えています。「エプロンやホームヘルパーが手を拭くためのタオルなどは持参します」と付け加えています。

ホームヘルパーが、食材や調味料をお持ちすることはできません。

調理に使う食材や調味料は**ご利用者様のご自宅にあるもの**を使用させていただきます。
調理支援のみを必要とされている方は、**食材等の準備**をお願いいたします。買い物が困難な方は、スーパー等の配達サービスをご利用になり、ご準備をお願いいたします。
どちらも困難な方は、ホームヘルパーがおこなう買い物支援と併せてご利用の上、調理支援をいたしますが、時間が限られていることをご理解ください。

> **説明時のポイント**
> 「買い物をしたり、配達サービスを依頼したり、ご自分で食材を用意すると好きなものを召し上がれますよ」「ご自宅での生活を継続するために、できることはご自身でやりましょう」など、利用者が前向きになれる言葉を選んで説明しています。

資料2-12
ホームヘルパーができないこと⑫【調理編③】（24ページ）

ホームヘルパーは、栄養士ではありません。

ホームヘルパーは**栄養のプロではありません**。塩分を抑えるといった簡単な減塩食等はできますが、栄養士のように**カロリー計算や綿密な栄養管理が必要な食事作り**はできません。

※ただし、管理栄養士等の訪問管理栄養指導により、在宅におけるホームヘルパーへの栄養指導がある場合は可能です。

> **説明時のポイント**
> 大半の利用者は何らかの疾病があり、配慮が必要なため、「栄養管理はできませんが、栄養上の注意点を念頭に調理します」と伝えると安心してもらえます。

ホームヘルパーが時間内に作れる品数でお願いします。

ホームヘルパーの滞在時間には限りがあります。そのため料理の品数も、**メニューによっては1品程度になる可能性が十分**あります。時間内の作業には**後片付けや記録も**含まれることをご理解ください。ご利用者様にはホームヘルパーが、**決められた時間内にサービスが終了できるメニュー**をご考慮くださいますよう、ご理解とご協力をお願いいたします。

> **説明時のポイント**
> 「調理時間には限りがあります。当事業所では、調理内容に応じて1～3品が限度と考えています」と料理数の目安を伝え、協力を仰いでいます。

消費期限切れの食材を使っての調理はできません。

調理の際、**消費期限切れ**の食材等を「そのぐらいなら大丈夫」と、使うことを希望される場合があります。
衛生管理・責任問題上、消費期限切れの食材等を使った調理はお断りさせていただきます。

> **説明時のポイント**
> 「『1日くらい平気』と消費期限切れのお弁当を食べて、入院された方がいたんですよ」など、できるだけ具体例を出して、納得してもらえるよう努めています。

訪問介護の困りごとQ&A　150

巻末資料

説明時のポイント

「生活援助も必要なサービスですが、できることはご自身でおこなうと、さらにできることが増え、介護保険サービスを卒業された方もいますよ」など、前向きな伝え方をしています。

説明時のポイント

説教っぽく受け取られないよう、「私たちがお手伝いすることで、逆に体調が悪くなったら困りますよね（笑）」など、笑いも交えながら話すようにしています。

また、「食材を切るのはホームヘルパーがしますので、味付けはお願いできますか」など、ともにおこなう支援の具体例も挙げています。

説明時のポイント

「うちの事業所でも、ホームヘルパーがワンちゃんに噛まれて労災事故になったことがあって大変でした」「動物アレルギーにより、体調を崩して、長期間休むことになったホームヘルパーもいます」など、実際の事例から放し飼いのリスクを伝えています。

資料3　自立支援について（27ページ）

"ともにおこなう" について

ホームヘルパーが来ることになって「掃除や調理をしてもらってラクになった」と思われるかもしれません。

ご利用者様の個別の状況（家事をする能力が著しく低下しているが、住み慣れた家で生活を続けたい等）によっては、適正なご利用方法といえるかもしれませんが、少しでもご利用者様の**残存能力を維持すること**が、ご利用者様の身体機能・認知機能の維持と、住み慣れた家で生活を続けられることにつながります。

（例）
・掃除機をかけるのは難しいが、座っての拭き掃除は可能
・すべて調理するのは難しいが、野菜を切るなどの下ごしらえは可能　等

逆にいえば、ホームヘルパーが何でもしてしまうと、ご利用者様が生活をしていくうえでの大切な機会（体を動かす、考える）を阻害する可能性があるということです。

そのため、「**ご自身でできない部分をホームヘルパーはご支援します**」という目的を掲げています。

ホームヘルパーのいる時間内に、見守られながら、安全に今までされてきた動作や家事を**一緒におこなうことの重要性はとても高く**、ホームヘルパーにとっても、**専門性を発揮**できる状況になります。

以上の理由をもちまして、ご利用者の皆さまにおかれましては

ホームヘルパーと

"ともにおこなう" ことの重要性をご理解ください。

資料4　ペットの対応について（29ページ）

ホームヘルパーの訪問中は、ペットをケージ等に入れていただくか、別の部屋に移動していただくよう、ご配慮をお願いいたします。

全国の訪問介護事業所で、「ホームヘルパーがペットの犬に噛まれた、猫にひっかかれた」などの事例が挙がっております。

ご利用者様にとっては家族のように大事な存在だと思いますが、ペットにとって**ホームヘルパーは見慣れない来訪者**です。どんなにおとなしいペットでも、ご利用者様を守ろうとして噛んだり、ひっかいたりする可能性は十分考えられます。

当事業所では未然の事故防止の観点から、**訪問時間に限っては、ペットとホームヘルパーが直接触れ合わないよう**、ご協力をお願いいたします。

ホームヘルパーの中には動物アレルギーのある者もいます

せき、くしゃみ、喘息、湿疹など、様々なアレルギー症状があらわれ、サービスに支障が出てしまいます。
ご利用者様のご理解、ご配慮をお願いいたします。

ペットのお世話はできません
ホームヘルパーは、ペット関連の掃除や世話は一切できません。ご理解をお願いいたします。

資料5　喫煙、熱中症対策について（31ページ）

たばこの受動喫煙に対し、ご配慮、ご協力をお願いいたします。

- **ホームヘルパーの訪問中は、喫煙をお控えください**
  受動喫煙により、非喫煙者の肺がんや脳卒中などのリスクも高まるといわれています。令和2年に施行された改正健康増進法では「受動喫煙対策」として、「望まない受動喫煙の防止」が強く打ち出されています。
  サービス中の喫煙は、ホームヘルパーの健康およびサービスに支障が出ますのでお控えください。
  ※電子たばこもお控えください。

- **サービス中は換気をおこないます**
  たばこの煙に含まれる化学物質が、服や壁、カーテン、家具等に付着し、それを非喫煙者が吸い込むことを残留受動喫煙といいます。
  たばこに限らず、ウイルスや湿気対策、ご利用者様とホームヘルパーの健康のため、窓を開けて換気をさせていただきます。

熱中症対策への、ご配慮、ご協力をお願いいたします。

- **室温が28℃以上になったら、エアコンや扇風機等を使用させていただきます**
  全国各地で気温が上昇し、熱中症の患者数も増加しています。発症場所別では、住居が最も多くなっています。
  そこで、環境省が熱中症予防の目安としている「室温28℃以上」になりましたら、ホームヘルパーだけでなく、ご利用者様の命を守るために、エアコンや扇風機等を使用させていただきます。

  ご利用者様宅にエアコン等がない場合、ホームヘルパーは持参した熱中症対策グッズを使用しながらサービスをおこなう場合があります。ご理解とご協力をお願いいたします。

説明時のポイント
「国の法律で、受動喫煙の防止に取り組むことが求められている」ことを伝え、自分たちの都合で決めているのではないことをわかってもらい、不満や不信感のリスクを回避しています。

説明時のポイント
熱中症対策についても、国が目安としている室温を伝えることで、自分たちの都合ではないことを付け加えています。

資料10-1　訪問介護ご利用上のご注意①（37ページ）

訪問介護ご利用上のご注意
当事業所との契約上、ご理解いただきたいことをご説明させていただきます。

ホームヘルパーへのおもてなしは必要ありません。
ホームヘルパーへの茶菓子等のお心遣いやおもてなし、お中元やお歳暮等は必要ございません。ご利用者様におかれましては、どうかお気遣いなく訪問介護サービスをご利用くださいますよう、ご理解をお願いいたします。

ホームヘルパーの活動記録票の記入はサービス時間に含まれます。
ホームヘルパーは、訪問時のご利用者様のご様子や日々の変化、その日におこなったサービス内容等を活動記録票（サービス提供記録）に記録し保管しています。サービスをおこなった証明にもなります。
介護保険制度上でも、記録の時間はサービスの時間に含まれるとされています。ご理解ください。

キャンセルはお早めにご連絡ください。
予定されているサービスをキャンセルされる場合は、お早めにご連絡をお願いいたします。
前日の17時までにご連絡いただけない場合は、緊急の病院受診、救急搬送、災害等を除いてキャンセル料が発生しますので、ご注意ください。

説明時のポイント
"おもてなし"は、とても難しい問題なので、契約時にすべてお断りしています。
「ホームヘルパーは飲み物を持ってきますので、お気遣いなく」といった伝え方をすると、安心してもらいやすくなります。

説明時のポイント
「訪問介護は公費を利用したサービスなので、その根拠となる記録はとても重要なものです」などと伝えると、納得してもらいやすいです。

説明時のポイント
自己都合で外出する、居留守を使うといったケースを未然に防ぐことが目的です。「事業所の営業時間は8時半から17時です。キャンセルのご連絡は前日のその時間内にお願いします」と日時も伝えるようにしたらドタキャンが減りました。

巻末資料

説明時のポイント

ホームヘルパーにとって最大の懸念が「盗られた」と言われること。そのため、できるだけ金銭関係の情報には触れたくない意思を伝えています。

説明時のポイント

事業所の考えではなく、「法律違反になります」と"制度としてNG"であることをはっきり伝えています。

説明時のポイント

漠然とした説明だと、わかりづらいので「掃除の際に、物を落として壊してしまった場合、損害賠償保険で賠償させていただきます」と具体例を挙げると、利用者や家族は理解しやすいようです。

資料10-2　訪問介護ご利用上のご注意②（38ページ）

訪問介護ご利用上のご注意
当事業所との契約上、ご理解いただきたいことをご説明させていただきます。

ホームヘルパーは、預金通帳・カード類はお預かりできません。

ホームヘルパーは、ご利用者様から**預金通帳やカード**をお預かりして、**預貯金の引き出しや入金を**することはできません。

ホームヘルパーの車には、ご利用者様を乗せることはできません。

ホームヘルパーの車にご利用者様を乗せて、**買い物や目的地にお送りすることは認められていません**。ホームヘルパーと一緒に買い物等に行く場合は、**公共交通機関（バス、タクシー等）**をご利用ください。

ホームヘルパーが不注意により物品を壊した場合について。

ホームヘルパーはご利用者様宅にある道具を使って掃除や調理等をおこないます。十分に注意していても破損させてしまうことがあります。そういった場合、**どうやって破損したのか等をしっかり確認**させていただいたうえで、**保険等を使い賠償**させていただきます。
ただし、**経年劣化しているもの、最初から破損していたもの**は賠償できません。ご理解をお願いいたします。

説明時のポイント

「災害時は訪問できないこともある」ときちんと伝えることが大事です。当法人では、先に説明することで災害時における訪問日の変更などに関するトラブルが減りました。

説明時のポイント

客観的な指標となる内閣府のガイドラインを明記することで、「こういった場合は」という目安が伝えられます。
「警戒レベル3以上の場合は『ホームヘルパーが来たときに自分がいなかったら』といったご心配はなさらず、避難してください」とも伝えています。

資料10-3
訪問介護の適正なご利用のために①（39ページ）

訪問介護の適正なご利用のために

"災害時の対応"について

災害（地震、台風、大雨他）時は、サービスの変更や中止をお願いする場合があります。

災害の状況によっては、ホームヘルパーの訪問に影響する可能性も十分に考えられます。「**ホームヘルパーが訪問できない**」「**サービスの時間に間に合わない**」、場合によっては「**訪問日を変更していただく**」という可能性もあることをご理解ください。

内閣府が発表している、「避難情報に関するガイドライン」では、5つの警戒レベル別に、私たちがとるべき行動を示しています。
警戒レベル3の「高齢者等避難」は、避難に時間がかかる高齢者や障害のある人の避難が必要なレベルです。警戒レベル4の「避難指示」は、**住民すべての避難が必要です。**
ご理解いただいたうえで、ご自身の安全とともにホームヘルパーの安全も考慮していただきますようお願いいたします。

警戒レベル	避難情報等
5	緊急安全確保
4	避難指示
3	高齢者等避難
2	大雨・洪水・高潮注意報（気象庁）
1	早期注意情報（気象庁）

災害時には**"早めの避難"**をすることで
ご自身だけでなく
関係者の命も守る行動をお願いします！

資料10-4
訪問介護の適正なご利用のために②（40ページ）

訪問介護の適正なご利用のために

"感染症等への対応"について

ご利用者様・ホームヘルパーの
命を守るため、ご協力をお願いします。

〈感染症流行時の訪問および感染症予防について〉

1. ホームヘルパーは、**毎日検温してから訪問**します。お互いの感染症予防のため、**ご利用者様**におかれましても、ホームヘルパーの**訪問前に検温の実施**をお願いいたします。

2. ホームヘルパーは、感染症等をご利用者様宅に持ち込むことをできる限り防ぐため、訪問時は**手洗い・うがい・手指消毒**をおこないます。ご利用者様におかれましても、**できる限りの予防対策**をお願いいたします。

3. ホームヘルパーが体調不良の際は、**ホームヘルパーの変更、時間変更、曜日変更**をお願いすることもあります。

4. **ご利用者様が体調不良の際**は、当事業所かケアマネジャーへの**ご連絡**をお願いいたします。**サービスの中止、時間変更（その日の最後に訪問）、ホームヘルパーの交代**などの対応をとらせていただくことがあります。

5. **感染者が増加している地域にお住まいのご家族様**等が、帰省などでいらっしゃる場合は、**サービスの一時停止、時間変更（その日の最後に訪問）、ホームヘルパーの交代**などの対応をとらせていただくことがあります。

 **説明時のポイント**

利用者や家族に強制はできないため、「私たちも気をつけますので、お互いに困る事態を避けるため、可能な範囲でご協力いただけませんか」とお願いする形で伝えています。

説明時のポイント

コロナ禍のような緊急時でなければ、ここまでの対策を取ることは、ほぼないと思いますが、念のため設けています。「ご利用者様に感染の危険がある場合の対策をお伝えしています。『ご家族様は帰省しないで』とお願いしているわけではありません」と付け加えています。

資料20　見守りカメラやセンサーについて（57ページ）

訪問介護の適正なご利用のために

見守りカメラやセンサーの設置は歓迎しますが、設置場所や使い方には、ご配慮、ご注意をお願いいたします。

当事業所では、**すべてのホームヘルパー**に対し、定期的に適切な研修等を実施して、**プライバシーの保護、虐待防止、接遇の向上に努めています。**

最近では見守りカメラやセンサーを設置されているご家庭も増えていますが、私たちはカメラやセンサーの有無にかかわらず、**同じ質のサービスを提供**しています。設置を検討されているようでしたら、サービスの見える化の観点からも、遠慮なく設置していただければと思っています。

設置の際のお願いとしまして、

● **ホームヘルパーを目的としての盗撮**
● **オンタイム**での**注文や指示出し**

などは、カスタマーハラスメント等に該当する場合がありますので、ご注意ください。

トラブルが起きた際は、必要に応じて**弁護士などの専門家に相談する**こともあります。併せてご理解をお願いいたします。

説明時のポイント

設置場所についての情報を提供してもらえるかもしれないので、「事前に設置場所についてご共有いただけますと、できるだけ有効に使えるよう、ご利用者様がカメラに映る範囲で支援できるように努めたいと思います」などと、付け加えて説明しています。

巻末資料

説明時のポイント

こうした説明をすると「俺がセクハラするように見えるのか」といった誤解を受けることもあります。そのため、「皆さんに説明しています」と、誰に対しても必ず前置きをしています。

説明時のポイント

「私たちがご利用者様の尊厳を保ち、質の高いサービスを提供することは大前提です。もちろんご利用者様への虐待防止などについての研修等を実施しています」など、当方の取り組みも紹介しています。

資料48-2　セクハラ・パワハラについて①（111ページ）

訪問介護の適正なご利用のために

"セクハラ・パワハラ"について

当法人はホームヘルパーの働きやすい環境づくりを推進しています。

ホームヘルパーは、業務がご利用者様のご自宅でおこなわれる特性上、第三者には見えづらく、ハラスメントが起きやすい状況に置かれます。

当法人では、ご利用者様の尊厳や生活を尊重し、またご利用者様を様々な虐待から守る権利擁護を遵守しておりますが、社会的には福祉に携わる者による虐待事件がニュースになっております。同時に**ホームヘルパーに対するセクハラ・パワハラも大きな問題**となっております。

セクハラ・パワハラとは次のような行為を指します。

① **身体的暴力**
　身体的な力を使って危害を及ぼす行為。
　例：コップを投げつける／蹴る／唾を吐く

② **精神的暴力**
　個人の尊厳や人格を言葉や態度によって傷つけたり、おとしめたりする行為。
　例：大声を発する／怒鳴る／特定のホームヘルパーにいやがらせをする／「この程度できて当然」と理不尽なサービスを要求する

③ **セクハラ（セクシュアルハラスメント）**
　意に添わない性的誘いかけ、好意的態度の要求等、性的ないやがらせ行為。
　例：必要もなく手や腕を触る／抱きしめる／入浴介助中、あからさまに性的な話をする

説明時のポイント

ハラスメントは個々の受け取り方、感じ方で異なるものですが、1人で訪問している以上、「そのホームヘルパーの判断を基準とさせていただきます」と伝えています。未然に防ぐには、少々強めに説明した方が効力があると思います。

説明時のポイント

「ハラスメントが原因でトラブルになると、サービスを提供できず、お互いにとってマイナスですよね」と付け加えると、納得してもらいやすいです。
また、家族からのハラスメントに対しても同様に対応することを必ず伝えています。

資料48-3　セクハラ・パワハラについて②（112ページ）

訪問介護の適正なご利用のために

"セクハラ・パワハラ"は許されない行為です。

当法人では、ご利用者様に対する福祉従事者による虐待などが起こらないよう注意するのはもちろんのこと、ホームヘルパーの働きやすい環境を守り、推進していくことも大切に考えています。そのため、ホームヘルパーに対するセクハラ・パワハラ等につきましても**「ハラスメントは絶対に許されない行為です」**という姿勢で対応いたしますこと、ご理解とご了承をお願いいたします。

ハラスメントの報告がありましたら、当法人で事実確認をしたうえで、当法人の総合事業契約書第10条（介護保険契約書第15条）により、すみやかに関係機関と協議のうえ、**解約（サービス終了）の手続きを開始**させていただきます。場合によっては**警察に通報**することもありますこと、併せてご理解をお願い申し上げます。

155　訪問介護の困りごとQ&A

その他にも こうした
説明・お願いを補足しています

と、その前に……

ホームヘルパーの意識改革が最大の課題

これまで、「利用者との関係を良好に進めたい」という心理や、利用者を敬う気持ちから、ある程度の要望であれば引き受けてしまうホームヘルパーが多かったのも事実です。それにより、資料2で挙げたような「ホームヘルパーができないこと」をやってしまい、利用者や家族を混乱させてしまったケースも少なからずあると思います。

その原因として、制度が改正される中で、ホームヘルパーへの教育や育成が不十分だった面も大きいと感じます。この点を踏まえたうえで、当法人の事業所内研修では「利用者の知力・体力・意欲を考えながら、伴走することが専門性」と繰り返し伝えています。

利用者や家族に訪問介護を理解してもらうだけでなく、すべてのホームヘルパーが「自分たちは介護のプロ。利用者をサポートするチームケアの一員。介護保険制度にのっとり、適切なケアをおこなわなければならない」という意識を保てるよう努めていきましょう。

•「自分たちの事業所の方針ではなく、国で取り決められたこと」だと伝える

「できる・できない」を説明する際、最初に、厚生労働省（国）から「できないこと（該当しない行為）」として具体的な事例が通知されていることを利用者や家族に紹介します。「自分たちの都合で決めているのではない」ということをわかってもらい、不信感や不満のリスクを回避しています。

また、できない行為をホームヘルパーがやってしまうと、事業所の閉鎖＝サービス中止もあり得るため、利用者に影響することも伝えています。

訪問介護の困りごとQ＆A　156

•「皆さんに説明しています」と前置きをする

「訪問介護は介護保険料と税金でまかなわれているサービス」「自費サービスとは異なり制限がある」と繰り返し伝えていたところ、「私が生活保護だから公費を強調するのだろう。バカにしているのか」と苦情を受けたことがあります。

そんなつもりはまったくありませんでしたが、説明で不快な思いをさせてしまうこともあると気づきました。以来、必ず「皆さんに説明しています」の一言を添えています。

•「契約しない、という選択肢もあります」

利用者や家族に「訪問介護とは何か?」を詳しく説明することで、「本当に自分にとって必要なサービスなのか?　適しているのか?」を考えてもらうきっかけにもなっています。

もしも、利用したい内容と合わなければ、「契約しない」という選択肢があることも伝えて、利用者に確認を取っています。

•「あくまでも主体はご利用者様です」

長年暮らしてきた家には、それぞれの生きてきた歴史や家族との思い出が詰まっています。それは利用者も同じだと思います。実際、家や物を大切にしている方が多く、できるのであれば自身で家事をしたいのではないでしょうか。

そこで、「『家や物をきれいにしたい』という気持ちや頑張りは最大限応援します。ご自身で掃除や洗濯を継続しやすいよう、サポートもします」と伝え、"主体は利用者で、ホームヘルパーは支援者"という姿勢を明確にしています。

•利用者にとってのメリットを添えて、道具の必要性も伝える

サービスをおこなうには、ある程度の道具が必要ですが、利用者によっては、「これもないの?」というお宅が少なからずあります。「買ってください」と強制はできませんが、例えば電子レンジがないお宅であれば、「電子レンジがあるといつでも温かい料理を召し上がれますよ」「電子レンジで加熱するだけで食べられる市販品が増えていますよ」などと、道具の必要性も伝えています。

おわりに

ここまでお読みいただき、ありがとうございました。今回メインでは取り上げませんでしたが、訪問介護に関する現場の悩み・疑問には、「加算」「運営指導」「ICT化」「生産性向上」「BCP策定」「多問題家族（おもに高齢者と何らかの障害や疾患を持つ子世帯）」など、まだまだあるかと思います。

「もっとこのテーマについて知りたかった」「取り上げてほしかった」という声もあるかもしれません。そうした悩み・疑問をまずは職場で話し合ってみてはどうでしょうか。他職種だけでなく、自事業所内でも連携してチームで取り組む。そうすることで、職場環境もよりよくなっていくと思います。もちろん、本書に対するご意見もお聞かせいただけますと幸甚です。

最後になりますが、本書の制作にあたり、大変ご尽力をいただきました、『へるぱる』編集部の神田さん、野見山編集長、デザインをご担当くださった津田祥子さん、イラストをご担当くださったしまだ・ひろみさん、記事の引用をご快諾くださいました先生方に心より感謝申し上げます。

また、当法人である熊本市社会福祉事業団の皆さんにもたくさんのご協力をいただきました。多くの方々に支えられて、ここに一冊の書籍として出版することができます。感動です。いつも応援してくれている家族にも感謝します。

いつもありがとう。

「魅力ある訪問介護の発信」と「働きやすい職場づくり」のために、これからも一緒に取り組んでいきましょう。

訪問介護の困りごとQ&A　158

出典一覧

●82〜88ページ
『へるぱる 2025 3・4月』
ストレスに気づいていますか？ 自分の心と体を守るメンタルケア
監修／橋中今日子（理学療法士、公認心理師、介護者メンタルケア協会代表）

●119〜122ページ
『へるぱる 2021 3・4月』
連携することでよりよいサービスを！ ケアマネ&サ責の仕事を知ろう
監修／日髙 淳（日本ホームヘルパー協会横浜支部 会長、
　　　　　　　横浜みなと介護福祉事業協同組合 理事、ステップ介護 管理者）

●137〜140ページ
『へるぱる 2024 3・4月』
人手不足の今だから 「ここで働きたい」と思える職場づくり
監修／大場勝仁（中小企業診断士、介護支援専門員、株式会社さすてな代表取締役）

イラスト／若泉さな絵

協力／にこにこケアステーション

監修・著

田尻 亨(たじり とおる)

全国ホームヘルパー協議会 会長
熊本県ホームヘルパー協議会 会長

介護福祉士、介護支援専門員。厚生労働省の各種検討会で有識者委員を務めるなど、業界全体の地位向上に向けた提言や環境整備に努めながら、社会福祉法人熊本市社会福祉事業団 明生園の施設長として、利用者支援の現場にも立っている。共著に『はじめての訪問介護』（中央法規出版）などがある。

デザイン ● 津田祥子		校正 ● 株式会社円水社	
イラスト ● しまだ・ひろみ		製版 ● 株式会社明昌堂	
		編集 ● 神田裕子	

へるぱるブックス
実務から他職種連携まで　現場の悩み・疑問に答えます
訪問介護の困りごとQ&A

発行日　2025年3月30日　初版第1刷発行

監 修・著 ● 田尻 亨
発 行 者 ● 竹間 勉
発　　　行 ● 株式会社ワンダーウェルネス
発行・発売 ● 株式会社世界文化社
　　　　　〒102-8194　東京都千代田区九段北4-2-29
　　　　　電話　03-3262-3913（編集部）
　　　　　　　　03-3262-5115（販売部）
印刷・製本 ● 株式会社リーブルテック

©Toru Tajiri,2025. Printed in Japan
ISBN 978-4-418-25209-1

落丁・乱丁のある場合はお取り替えいたします。定価はカバーに表示してあります。
無断転載・複写（コピー、スキャン、デジタル化等）を禁じます。本書を代行業者等の第三者に依頼して複製する行為は、たとえ個人や家庭内での利用であっても認められていません。商用の目的での使用、およびWebサイトへの使用はできません。

本書に掲載されている情報は、2025年3月1日現在のものです。あらかじめご了承ください。